高等学校通识课教材
高等学校数字化融媒体特色教材
浙江省高等学校在线开放课程配套教材

大学生性健康教育

融 媒 体 教 程

主编　吴东红

DAXUESHENG XINGJIANKANG JIAOYU
RONGMEITI JIAOCHENG

ZHEJIANG UNIVERSITY PRESS
浙江大学出版社
国 家 一 级 出 版 社
全国百佳图书出版单位

图书在版编目(CIP)数据

大学生性健康教育融媒体教程 / 吴东红主编. —杭州:浙江大学出版社,2021.2(2024.2 重印)
ISBN 978-7-308-20731-7

Ⅰ.①大… Ⅱ.①吴… Ⅲ.①大学生—性教育—高等学校—教材 Ⅳ.①G479

中国版本图书馆 CIP 数据核字(2020)第 208477 号

大学生性健康教育融媒体教程
吴东红 主编

策划编辑 阮海潮(1020497465@qq.com)
责任编辑 阮海潮
责任校对 王元新
封面设计 续设计
出版发行 浙江大学出版社
(杭州市天目山路 148 号 邮政编码 310007)
(网址:http://www.zjupress.com)
排 版 杭州星云光电图文制作有限公司
印 刷 杭州钱江彩色印务有限公司
开 本 787mm×1092mm 1/16
印 张 11.5
字 数 252 千
版 印 次 2021 年 2 月第 1 版 2024 年 2 月第 4 次印刷
书 号 ISBN 978-7-308-20731-7
定 价 45.00 元

浙江大学出版社市场运营中心联系方式:0571－88925591;http://zjdxcbs.tmall.com

大学生性健康教育融媒体教程

编委会名单

主　　编　吴东红

副主编　胡高楼　孔丹华　殷淑琴

编　　委　陈根芝　金　叶　黄文俊

前　言

《“健康中国2030”规划纲要》提出“共享共建、全民健康”，要全方位、全生命周期维护和促进人民健康，“以人民健康为中心”，关注生命全周期、健康全过程。2017年6月，教育部颁布《普通高等学校健康教育指导纲要》，指出“加大学校健康教育力度。将健康教育纳入国民教育体系，把健康教育作为所有教育阶段素质教育的重要内容。内容包括健康生活方式、疾病预防、心理健康、性与生殖健康、安全应急与避险。”

性与我们的生活息息相关，性既是生理现象、心理现象，也是一种社会现象。性与生殖健康教育是人格的教育，生命的教育，也是人际关系的教育，是学校教育立德树人不可或缺的内容。由于缺少性教育而导致意外怀孕、流产、性侵害和性传播疾病不断攀升，未成年人性侵害案件也不断攀升。家庭、学校和社会都意识到，中小学教育工作者是普及校园性教育的“守门人”，因此，师范类大学尤其有必要开展对师范生的性教育。

为此，我们组建了由具有丰富临床经验和教学经验的教学团队，开设了“性健康教育”课程，并着手编写本教材。

该课程以性生物学、性生理学、性心理学和性教育学等研究性发展规律的学科为理论基础，对大学生进行科学、系统、客观的性健康教育。课程认真贯彻严肃性、科学性、系统性、实用性相结合的原则，同时注意理论联系实际。通过性健康教育，使大学生真正意识到性健康不仅是躯体没有疾病或不虚弱，还应有良好的性心理素质、性社会适应能力和符合社会要求的性道德品质，从而促进大学生身心健康发展和综合素质提高，并为将来婚姻美满、家庭幸福打下坚实的基础。该课程入选浙江省高等学校在线开放课程共享平台（http://www.zjooc.cn/），并获浙江省高校首批“互联网＋教学”优秀案例二等奖。

本书内容丰富，信息量大，体例新颖，风格活泼，有很强的指导性和可读性。全书简洁而生动地介绍了性基本知识，性心理与性心理健康，生殖问题与保健，性与爱情、婚姻，性传播性疾病防治，艾滋病防治，同性恋，预防性侵害等内容。除正文叙述外还设置了“学习目的”“案例分析”“拓展阅读”“测一测”“思考”等栏目，以提高学生的阅读兴趣并扩大知识面。本教学团队注重立体化课程资源库建设，借助互联网技术，探索立体化的线上线下相结合的新形态教材模式，以二维码形式嵌入教学微视频和教学课件，使纸质教材与数字资源充分融合，实现知识共享，为学生课外自主探究学习提供了良好平台。

本书由吴东红任主编，胡高楼、孔丹华、殷淑琴任副主编，陈根芝、金叶、黄文俊参与编写。全书由吴东红拟定思路和框架，并负责统稿。各章编写分工如下：第一章由浙江师范大学吴东红编写，第二、五章由金华职业技术学院孔丹华编写，第三章由浙江师范大学黄文俊编写，第四章由浙江师范大学金叶编写，第六章由湖州师范学院殷淑琴编写，第七、八章由浙江师范大学陈根芝编写，第九、十章由浙江师范大学胡高楼编写。

在本书编写过程中，参阅、引用了国内外专家、学者的不少著作、教材和论文，并得到了浙江师范大学领导和有关部门的大力支持，还得到了浙江师范大学新形态教材建设项目的资助。值此，向所有给予帮助的领导、朋友和有关文献的作者表示诚挚的谢意。

由于编写人员水平有限，书中不足之处难免，恳切希望广大学者、同仁和使用本教材的师生批评指正（邮箱：wdh@zjnu.cn）。

浙江师范大学校医院原院长、主任医师
首届全国高校健康教育教学指导委员会委员　吴东红

目 录

第一章　性与性健康

科学的性概念

学习目的

科学地认识性；系统回顾性科学的发展史；全面了解性教育的定义、目标和内容；了解性健康的定义和内容。

第一节　科学的性概念

性，扮演着影响健康幸福人生的重要角色。两性关系更是人际关系中极为重要的组成部分。然而，科学系统的性教育始终未受到社会各界应有的重视，究其原因，主要是人们认为性是肮脏的，不道德的，抑或是羞耻的。根深蒂固的世俗误解使得大众对性这个话题讳莫如深，性科学教育更是长期缺位。在追求两性平等、互相尊重的当代社会，接受科学的性教育，树立正确的性观念是促进社会文明进步不可或缺的一部分。科学的性教育要从正确地认识“性”这个概念开始。那么，何为性呢？

一、性

《辞海》中对性的解释是：①人或物自然具有的本质、本能；②事物的特质或功能；③生物的种别或事物的类别；④生殖或情欲。《英汉字典》中解释性为：性别、性活动、性的特性。

依据《说文解字》中关于“性”的解构：汉字中的“性”，右为“生”，左为“心”。心脏，是哺乳动物从受精卵发育而成的第一个器官；同时，心脏是一个接收外界信息、继而做出相应调整的重要器官之一。

对于“生”字的理解，传统典籍《礼运》中有记载：人以纵生，贵於横生。意思是，人是以纵向降生于世的（竖式分娩，不包括手术型的剖宫产），以此区别于横向降生的动物。人与生俱来已具备灵性、具备高等意识的明显特征。“生”字上为草，下为土，草长在土中，代表有生命的东西。

性是一种本能，是具备生命力、创造力和向上提升能力的。性，伴随着人的一生，从受精卵开始到寿终正寝，性与每个人结下了不解之缘。

二、人类的性存在

性是人类生命中无时不在的客观现象，一旦卵子与精子结合，人的性别就已决定，当婴儿呱呱坠地来到这个世界，人们首先关心的就是婴儿的性别。在填写各种表格时，也总有固定的一栏需要明确区分每个人的性别。即使是在需要“方便”一下的时候，你也必须寻找适合自己的场所。因此，不管你是否意识到它的存在，性就在你的身边。

相比传统意义上的“性”来说，性存在是一个更为广泛和全面的概念，它包括性的生物存在、性的心理存在、性的社会存在这三个子系统。性的生物存在即上文所说的传统意义中的“性”；性的心理存在是指性在人的各种心理活动形式中的具体表现，或者说是人所感知到的性的生物存在；性的社会存在是指性的生物存在和性的心理存在的社会表现形态，或者说是由社会的人所标定的具有性的性质的那些活动与过程。

性是决定人类男女两性的生物特征的总和，简单地说就是男女在生物学上的差异，又称生物性别或生理性别。性的差别是性染色体差异所导致的性器官的差别，并由此而导致的附属于生殖系统的其他一些解剖及生理方面的两性差异，它包括基因性别、性染色体性别、性腺性别、生殖器性别和第二性征等。现实生活中的性别一般指的是生物学上的“性”。

性别是指男女两性在生理学上的差异，即指个性特征中所带有的阳刚特质或阴柔特质，又称心理性别，比如在性格、气质、感觉、感情和智力等方面的差异。男性粗犷猛烈，女性多愁善感，性情温和。

性身份与性角色是指男女两性在社会学上的差异，是从主体与客体两个角度所表述的性的社会属性。性身份是指个体对自我生物的性的认知和态度，是个体性的社会属性的自我心理状态。性身份形成的因素有生物和社会教养两方面，其中社会教养更为重要。性身份一般在 3 岁时就已经确立，并且一旦形成就难以更改。性角色是指社会约定俗成的具有两性差异的行为模式，即个体在社会生活中其性身份被人认知、描述和确证，是个体性的社会属性的外显状态，是社会文化构建下形成的性别特征和差异。性身份与性角色体现在社会生活和家庭生活的各个方面，在家庭分工中以及在娱乐、打扮、爱好和行为举止等诸方面都能体现出来。

三、性的功能及意义

性是人类生育、繁衍后代的基础。男女性功能既有相同之处又有不同之点。生殖是性的基本功能，繁衍后代是最低层次的生存需要。人类的性活动除了生殖繁衍的需要外，更多的是心理上的需求。性有愉悦身心、维护健康的功能，有情感交流功能。随着社会的发展，性的生育功能明显减弱，有的甚至选择不生育，但性的愉悦功能和健康功能则越来越明显，越来越受到人们的推崇。性活动是男女双方情感交流的一种手段，适当和谐的夫妻性生活会愉悦身心。夫妻双方不仅能享受性的乐趣，还能促进各自的身心健康。

随着人类文化和生活水平的提高，人类的性问题，对个人健康的影响，远比人们以前所认识的重要，对性的无知和错误观念将极大地降低人们的生活质量。性决定着社会的繁荣与发展，性决定着家庭的存在与和谐，性决定着个人的健康与幸福。总之，性是人类健康不可缺少的重要组成部分。为了实现性健康，享受性的美好，就必须重视性的保健。

四、性科学研究的内容

性科学也称性学，是研究人类的性、性欲望与性活动的产生、发展、差异的一般规律的学科，它包括的学科涉及自然科学和人文社会科学的各个领域。

(一)性的自然科学体系

1. 性生物学

性生物学是研究与性活动有关的复杂躯体状态和现象的科学，它的研究内容包括人体生殖系统的解剖结构和生理功能：性器官的外周皮肤黏膜，即性敏感区的解剖部位、结构；性反射活动的传入、传出神经性反射低级中枢和性活动高级整合中枢的结构与神经调控机制，如性欲的产生、性行为及性反应等。按照研究侧重面的差异，分别有性解剖学、性生理学、性神经生物学、性发生学、性发育学、性化学等。性生物学作为性学理论的基础，为人类个体的性选择、和谐的性生活提供了科学依据，也是研究优生优育、性医疗、性心理等的重要基础，同时，对于开展性教育、性病预防和判定性犯罪也具有指导意义。

2. 性医学

性医学是运用医学手段研究人体性健康和生殖健康的规律、预防和治疗性功能障碍、生殖系统疾患及性传播性疾病的应用性学科。性医学由性临床医学及性药学所组成。中医性医学也属于性医学的一个分支学科。性临床医学是指各种现代医疗技术和手段运用于生育保健和生殖医学，保障人类的生育健康和下一代的优生优育的学科。

生育保健以保障母婴健康为宗旨,以提高全民体质、素质为目的,采取医疗技术和综合管理的一切措施,优化人口数量与质量。生殖医学是旨在预防和治疗女子不孕和男子不育的学科。

(二)性的人文社会科学体系

性的社会与人文科学是两个更为庞大的学科体系,是建立在对性的自然科学体系认知的基础上,通过人们的社会实践和生活实践,整合社会与人文科学理论的产物。

1. 性心理学

性心理学是研究人的性心理活动及其规律的学科。性心理学的主要内容可以概括为两个方面:一个是与“性”有关的或以“性”为内容的各种心理过程(如知觉、记忆、想象、思维、欲望、情绪、冲动、意志的选择和决定等);二是与人格特质相联系的性心理,如研究个体对性的态度、评价和性取向等。人类的性活动,不仅是生理现象,而且表现为复杂的心理现象。这种心理现象构成了性心理学的研究内容。具体来讲,不同发育年龄会有不同的心理特征,在男性与女性之间也表现出不同的心理差异。此外,择偶条件与方式,伴侣关系中的性格互补与冲突,价值观的取向,性欲与性爱的欲望、美感、快感等,都伴有丰富而复杂的心理活动,并显示出千差万别的个体差异。

2. 性哲学

性哲学是研究人们对性存在与性意识的关系,以及与性有关的观念形态的性学分支。性哲学主要关注人们对与性有关的社会存在的观点、看法和态度,以及处理涉性问题的方法等。

3. 性社会学

性社会学是以社会学的理论和方法,研究人类性的各种现象中所反映的社会因素、性现象与人类社会之间的关系和作用及运行机制的学科。性社会学与性生物学、性医学、性心理学构成性学四大支柱,在性学的发展和研究中占有重要地位,同时也是体现性学研究的社会意义的重要方面。因此,性社会学作为社会学和性学相互渗透、交叉形成的一门具有边缘性与综合性的社会学分支学科在社会学的研究中意义重大。

4. 性伦理学

性伦理学是伦理学的一个分支学科,它以各种性的社会关系为对象,既研究个体的性意识、性活动的道德观念状态,更侧重研究群体性关系和道德规范。性伦理学既对一定社会的性道德原则和规范作出概括和总结,探讨性道德现象以及本质和规律,以指导人们的性意识和性活动,同时也研究人们在两性关系中道德规范的系统化与科学化的理论。

5. 性法学

性法学是研究用法律的手段调节社会成员的性关系和性活动，对一定社会中的社会成员的性关系和性行为提供法律保障、给出法律规范的学科。具体而言，性法学研究性犯罪的心理特点，判别性犯罪的种类、性质、量刑原则，预防性犯罪等重要课题。因此，性法学研究的内容是关系到社会和谐稳定的重要课题。

第二节　性科学发展简史

一、国外性教育简史

（一）瑞典

我们先来了解一下欧洲性教育有代表性的国家瑞典。1945 年，瑞典出台了世界上第一部性教育大纲。1955 年，瑞典成了全世界第一个在校学生接受义务性教育的国家。瑞典性教育的突出特点是教育青年男女平等。瑞典的经验表明早期的性教育并没有导致性放纵和早期性行为，相反，青年人更能对自己的行为负责。

（二）美国

性教育在美国开展的历史不算长，但美国青少年性教育却十分有特色，是世界许多国家借鉴的对象。尽管美国现代性教育更加务实和理性，对降低青少年性犯罪率、堕胎率起到积极的作用，但在历史上，美国的性教育同样经历过从摸索到成熟的过程。美国性教育大致经过了“反对性”“强调性道德”“无指导性教育”“安全性教育”和“以品格为基础性教育”五个阶段。当前，美国高校性教育体系已较为完善，性教育内容系统化、性教育体系化与终身化。在美国，性教育是终身教育与全民教育。性教育的目的就是要提升全社会的性健康水平。因此，性教育课程并不是从大学才开设的，而是从 0 岁开始，从娃娃抓起，贯穿于人的一生。为此，美国性信息与性教育联合会分别为幼儿、中小学生和中老年人的性教育提供了三个指导大纲，其中，幼儿时期的性教育以家庭教育为主；中小学生的性教育以学校教育为主；美国高校设有性学公共课程，主要采用《人类性学》作为教材；中老年的性教育以社会教育为主，以专题讲座的形式进行。这样，三个大纲就使得家庭性教育、学校性教育与社会性教育结合起来，形成了终身教育完整的性教育体系。性教育方式多样化。美国高校的性教育主要通过三种方式进行，即课程教育方式、心理咨询方式和同伴教育方式。美国性教育给我们的启示是，性教育需要社会、学校和家庭的共同努力，其中学校性教育不可替代。分析美国性教育的发展历史，对我国如何开展积极有效的性教育具有重要的意义。

(三)日本

日本的青春期性教育发展曾经历三个阶段:①第二次世界大战后至20世纪60年代,叫“纯洁教育”,即青春期性教育强调应向青少年授以正确的性知识,使其保持身心纯洁;②20世纪60—70年代,日本受到西方“性自由”浪潮的冲击,从而开始了青春期性教育以传授性科学知识为主的阶段;③20世纪70年代以后,日本学校的青春期性教育进入“性指导”阶段,不仅让学生知道科学的性知识,还懂得友爱和生命的可贵。自20世纪80年代以来,日本在性教育中更加强调性约束、性道德,认为性教育首先是性的文明教育、伦理教育和道德教育,要尊重人的精神,讲究男女平等,而性的卫生教育是第二位的,制定的性教育目标为:把性作为人的基本部分给予综合看待,树立男女平等的正确异性观,使自己的行为符合社会规范,形成高尚的人格。

二、中国性教育简史

中国的近代性科学启蒙是引入西方性心理学和性教育学而发展起来的。早在20世纪20年代,一批接受西方思想影响的中国先进知识分子就在国内宣传新的性观念,提倡性教育,他们一方面猛烈抨击封建礼教对妇女的残酷迫害(如鲁迅、胡适等人),另一方面搞调查,出书刊,身体力行,提倡新型的性教育。1909年,鲁迅先生首次在浙江省初级师范向青年学生讲述生殖系统的解剖生理学。1926年,北京大学教授张竞生正式出版了他所征集的《性史》第一集。1939—1946年,潘光旦教授翻译并出版了英国的《性心理学》。他们的这些活动都为当时的中国性科学与性教育的发展起到了很好的启蒙作用。

20世纪80年代初期,中国进入了改革开放的新时期,性科学才真正迎来自己的春天。1983年,吴阶平更是集中了当时国内外最新的科学研究成果,编译出版了《性医学》,这是一个标志性的事件。从此,中国现代意义上的性科学研究和性健康教育才进入了蓬勃兴起的新时期,全国涌现了一大批从事性科学研究的科研机构和学术团体,并推出了一大批较有影响的研究成果,如刘达临教授的《中国古代性文化》、潘绥铭教授的《中国人的性行为调查》、李银河研究员对性社会学的研究等。国外有影响的性科学成果也纷纷被引进和介绍,弗洛伊德等著名学者的学术观点也为越来越多的中国人所知晓。

综上所述,尽管各国存在着历史传统、文化背景、观念习俗等方面的差异,但在确定学校青春期性教育目标、任务和功能上,还是表现出大体一致的趋势。

第三节　性健康

性健康

性健康是指具有性欲的人在躯体上、感情上、知识上、信念上、行为上和社会交往上健康的总和，表现为积极健全的人格，丰富和成熟的人际交往，坦诚与坚贞的爱情和夫妻关系。它包括以下三个方面的内容：①根据社会道德和个人道德观念享受性行为和控制生殖行为的能力。②消除抑制性反应和损害性关系的诸如恐惧、羞耻、罪恶感以及虚伪的信仰等不良心理因素。③没有器质性障碍、各种生殖系统疾病及妨碍性行为与生殖功能的躯体缺陷。

通过性教育，使个人获得与年龄增长相一致的有关性生理、心理和感情上的应有知识，使个人对性发展中出现的种种现象（包括自己和他人）能采取客观和理解的态度；能消除个人在性发展和性行为中出现的焦虑和恐惧等种种不良情绪，促进身心健康；能帮助人们正确地认识与处理男女两性关系及其相关的道德与法律，增进对自己性行为所负的责任感；能帮助人们建立和谐的婚姻关系和科学文明的性生活，促进社会稳定；能抵御色情作品对人们身心健康的毒害，促进社会精神文明建设；通过普及优生、优育知识，促进人口素质的提高；促进健康的人与人之间关系的形成，防止性放纵和性犯罪。

世界卫生组织（WHO）认为，随着人类文化和生活水平的提高，人类的性问题对个人健康的影响越来越重要，对性的无知或错误观念将极大地影响人们的生活质量。

总之，性健康是人类健康不可缺少的重要组成部分，要想实现性健康就必须重视性卫生保健，而性教育则是性卫生保健的基础。发挥学校在性教育中的积极作用，将起到家长难以发挥的作用。开展性健康教育将给处于青春期的孩子带来受益终身的良好影响，从而保证他们一生的幸福。

思考题：

1. 什么是性？性、性别、性角色、性身份有什么区别？
2. 什么是性健康？开展性健康教育有什么意义？

第二章　性心理与性心理健康

学习目的

通过本章的学习希望同学们能够对性心理的概念有充分的了解；能够对个体性心理发展有一定的理解；能够明白大学生当前会面临的一些性心理问题，以及保持性心理健康的方法。

案例分析 2-1

夏季的一天，某高校一位女生走在校园里。迎面过来一位穿白色紧身裤的男生，阴部鼓鼓囊囊，随着走动似乎能够看出阴茎的形状。这让女生想入非非。但她立即告诉自己不应该这样想，这是性幻想，这不好。于是掉头不看，但还是忍不住想去看…… 此后，她进入纠结中，一方面开始幻想男人的身体与性器官，另一方面觉得自己不应该，想克制自己的幻想。但最终她没有成功克制自己，只要一到校园，便忍不住去看男生的裤裆。这让她非常痛苦和恐惧，已经不敢出宿舍了。

思考：

1. 请问导致这位女生内心痛苦和逃避行为的原因是什么？
2. 如果你遇到同样的情况会有和这位女生一样的反应吗？为什么？
3. 是什么影响着我们对身边与性相关事物的看法？

第一节　性心理

性心理健康

一、性心理概述

作为性的重要组成部分，性心理的产生和发展贯穿了我们人生的各个阶段，影响着我们的身心健康、人格健全和生活幸福。性心理是一个相对抽象但内涵广泛的概念，一般而言任何与人类性相关的心理现象或活动都可称为性心理。大学生处在性心理发展的特殊时期，对待性的态度、行为、观念等对大学生的学习、恋爱、健康有着至关重要的影响。

(一)性心理的含义

性心理是指在性生理的基础上，个体对性的主观能动反应，包括与性征、性欲、性行为有关的心理状态与心理过程，以及与他人交往和婚恋等心理状态。

性心理主要包括性感知、性思维、性情绪、性意志等四个方面，指对性的认知、体验和行为控制等。各方面之间相互联系、相互影响，其中性思维是关键因素。个体只有通过性思维才能对获取的性信息进行理解分析，从而形成对性的观点，当这些观点不断巩固稳定后就形成了个人的性观念。性心理状态受年龄和发育情况的影响会有很大的个体差异，而家庭、社会、民族文化，以及时代背景是促进性心理形成和变化的重要因素。

(二)性心理的特征

性对于动物而言的主要功能是繁衍后代，但是对于人类而言，性的繁殖功能并不是最重要的。人们寻找性对象、提出性要求、发生性行为、维持性关系的目的更多的是寻求心理上的亲密感、归属感和安全感。因此，人们在上述思维或行为过程中会产生一系列的心理活动，这就是人类独有的性心理。人的性心理有以下特征：

(1)人类的性认识是伴随着性生理发育逐步形成和发展的。

(2)人类寻找性对象的目的并不仅仅是为了满足性欲，因此在选择时会有自己的要求。一般而言，只有在双方互相倾慕的基础上才会达到爱与性的统一。

(3)人类的性行为受到个人性观念、伦理道德和社会规范的制约，通常发生在特定的年龄、时间和地点，并且以一定的方式与合适的对象进行。

(三)性心理的产生

通过对性心理特征的分析可以了解到，性心理拥有生物属性和社会属性。它的产生以性生理发育为基础，伴随着性生理的逐渐成熟而达到顶峰。同时，人的社会属性决定了人类性心理的产生和发展受其所处社会文化环境的影响。

首先，性心理是人类进化的产物，也是性生理成熟的标志。人类同其他动物一样有独特的性器官，有性的本能，这是人类性心理产生的生理基础。人类的不断进化，特别是直立行走的实现，使得人类能够进行面对面的性交行为。这种性交方式促使人类在性交过程中不仅满足了性欲，还能够与性交对象进行情绪情感上的交流。人类的性活动逐渐区别于动物原始的性交活动。在性生理发展的基础上，人类的性心理也经历了从萌芽到成熟的各个阶段。个体在儿童期就对男女性别差异有了最简单的认识，随着身体的发育，两性性别特征日益明显，青少年更加渴望了解性知识以解释发生在自己和异性身上的一系列变化。生理成熟的过程同时也是人们探索两性差异的过程，最终促进了人们性心理的形成。

其次，性心理是人类社会发展的产物，深受所处社会文化环境的影响。性交方式的改变使人类的性交活动成为增进两性关系的途径，而性活动的无季节性意味着人类的性行为已经成为成熟个体的日常生活中必不可少的生理和心理需求。人们的性活动不仅为了满足性欲、繁衍后代，更是为了实现身心的愉悦和亲密关系的维系。但性心理的形成和发展受到自身所处社会文化环境的影响，可能存在很大的差异，最明显的区别就是东西方文化中对于性的观念，东方国家相对较为保守，将性看成是隐晦、不可随意谈论的话题，导致青少年的性心理发展普遍滞后，性观念压抑、拘束；而西方很多国家将性教育融入家庭教育和学校教育中，使青少年能够以开放、坦然的态度学习性知识、讨论性话题，从而能够更好地适应青春期性生理和性心理的变化，能够更为从容地与他人建立亲密关系。当前我国的青少年们已经通过网络接触到了多元化的信息，性态度已日益开放，但我国社会道德伦理和家庭性观念仍然在很大程度上影响着他们的性心理发展。

思考：你当前的性观念是如何形成的？受到了哪些方面的影响？

二、性心理发展理论

性心理的发展有着明确的连续性和阶段性，虽然个体间存在一定的差异，但在总体上随着年龄的增长表现出典型的年龄特征。关于性心理发展的理论主要有弗洛伊德的性心理发展理论、赫洛克的青春期性心理发展理论，以及我国学者总结的青春期性心理发展理论。

（一）弗洛伊德的性心理发展理论

弗洛伊德（图 2-1）是精神分析学派的创始人，他认为个体人格发展的过程就是实现不同阶段性满足的过程。有异于普通大众的认知，弗洛伊德认为人类从婴儿期开始就存在性冲动，之后各个时期性冲动的强弱以及满足方式大有不同。因此，他的性心理发展理论包括五个阶段：口唇期、肛门期、性器期、潜伏期和生殖期。

图 2-1　西格蒙德·弗洛伊德

（Sigmund Freud，1856—1939）

1. 口唇期(0～1.5 岁)

口唇期，又称口欲期，指婴儿出生后到 18 个月通过吮吸母亲的乳房或者自己的手指得到性满足。这一时期的性敏感区是嘴和唇，因此吮吸的过程能够带来快感，同时具有十分重要的安抚作用。

有些家长会在孩子哭闹的时候给他安抚奶嘴就是为了满足他的这种心理需求。婴儿在此阶段的需求应该尽量得到满足，否则会影响后期的人格发展和行为形成。一些家长奉行“科学”的喂养方式，如设定 3 个小时喂养一次，其间不管孩子如何哭闹都不给予满足；也有的家长认为孩子吸手指的行为很脏很不雅观，使用涂辣椒、戴手套、捆绑等方式阻止孩子吮吸手指，殊不知这些行为会造成孩子之后的人格发展不健全，如过于依赖、懦弱畏缩和消极悲观等，严重的会导致心理障碍。

2. 肛门期(1.5～3 岁)

在此阶段，儿童的性敏感区是肛门区，排便时对肛门和肠黏膜的刺激使他们获得快感。这一时期的儿童会在父母的引导下进行自主排便，并且控制排便的时间和地点，如要坐到便桶上之后才可以排便。这一训练其实是通过孩子自己掌控大小便来培养他们对自我的控制能力。因此，排泄训练不可过于严格，如强迫孩子定时排便，但也不可过于宽松，如随时随地进行排便，否则都有可能导致孩子形成肛门期人格：肛门滞留型人格的成人极度吝啬、保守、循规蹈矩、谨小慎微；而肛门排泄型人格的成人过分慷慨、放纵、生活秩序混乱。当孩子意识到可以自我控制大小便的时候会变得更加独立、自信。

3. 性器期(3～6 岁)

性器期是儿童性心理发展的重要阶段，他们通过抚摸、摩擦性器官获得性快感，并对异性的性器官产生好奇。在这一阶段后期的有些儿童会对异性父母产生强烈的依恋，对同性父母有排斥或敌视态度，这在心理学上称为“俄狄浦斯情结”(恋母情结)和“伊莱克特拉情结”(恋父情结)。值得注意的是，并不是所有儿童都会有这些情结，很多父子、母女相处得非常融洽。性器期是儿童性别意识萌芽的时期。出于好奇，他们会观察、触摸异性的性器官，以此认识到男女的生理差异。当成人看见儿童有触摸自己或其他小朋友性器官的行为时往往会很惊恐，严厉地阻止这种行为，甚至对孩子进行责备。孩子当时可能会停止，但之后还会找机会尝试，而成人的责备会让孩子觉得自己在做不应该做的事情，会产生自责、羞愧的心理。对此，家长和老师应该帮助孩子了解男女性别的身体结构，带领孩子参与各种活动，同时允许孩子在私密、卫生的情况下感受身体的各种感觉。

案例分析 2-2

小玲是某高校大二学生，平时非常腼腆内向，几乎不会主动和其他同学交往，也不积极参加班级活动。她爱慕同班的一位男生，但从未向对方表达过心意，原因是她认为自己不够好，配不上那位男生。

通过深入的沟通了解到，导致小玲自我评价低、人际交往消极的原因是发生在她童年时的一件事情。当时小玲意外发现睡觉时用被子摩擦生殖部位会产生不一样的快感。有一次在和妈妈一起时她又进行了这样的动作，结果妈妈发现后露出了非常惊恐的表情，厉声地呵斥了她，并说好孩子不能有这种行为，坏孩子才会干这种事。小玲当时被吓呆了，她不知道让自己开心的事情竟然是不该做的，自己是不是就变成坏孩子了。她想停止这种行为但又做不到。后来她只敢在被窝里偷偷地用大腿进行摩擦获得短暂的快感，之后又陷入强烈的羞愧和自责中，认为自己已经是个坏孩子了。随着这一秘密行为的持续，她的性格发生了极大的变化，原本开朗的她变得沉默寡言，不爱和其他人玩耍，对自己的评价也变得十分消极。

思考：

1. 如果你是小玲的妈妈，在第一次看到小玲的这一行为的时候会怎么做？
2. 如果你是小玲的同学或老师会如何帮助她？

4. 潜伏期(6～12 岁)

潜伏期的持续时间较之前三个时期更漫长，儿童在此期间没有表现出明显的性心理发展迹象，性满足的需求处于潜伏状态。这个阶段的儿童失去对与性相关活动的兴趣，更多地关注外部世界，学习、游戏、运动等更能引起他们的兴趣。但此阶段的孩子对性仍然会有好奇心，成年人对于他们提出的问题不可讳莫如深，只要以正面、积极的态度面对即可。

5. 生殖期(12 岁～成年)

生殖期指伴随着青少年性生理发育的日渐成熟，个体性心理的发展也逐渐趋向成熟，兴趣的中心不再是满足自身的性快感，而是与异性建立关系，所以又称为两性期。成年后个体满足性欲的方式即为生殖器性交。

弗洛伊德对潜伏期和生殖期未做详细的表述，他认为人格的发展在前三个阶段已基本完成，儿童早期的经历和环境对后期人格的形成有着决定性的影响。如果个体在上述任一阶段遭受创伤和压抑，都会使成年人产生心理异常或冲突，严重的会导致性心理障碍。弗洛伊德的性心理发展理论一直饱受争议，不少学者对其进行批评，但不可否认，他的学说在一定程度上符合客观事实，也对后期的理论研究有启发性的作用。

(二)青春期性心理发展理论

美国心理学家赫洛克把青春期的性心理发展,即从性意识的萌芽到爱情的产生和发展分为疏远异性的性否定期、向往年长异性的牛犊恋期、积极接近异性的狂热期和浪漫的恋爱期。我国学者一般把这四阶段分为疏远异性期、接近异性期、向往异性期和恋爱期。

1.疏远异性期(小学高年级至初中低年级)

在这一阶段,男女生的第二性征日益明显,使其对自身剧烈的生理变化感到不安与害羞,同时也明确意识到男生和女生之间的差别。因此在一段时期内他们会刻意地避开异性,尤其避免个别交往,而与同性伙伴组成小团体进行活动。但这并不意味着他们从内心抵触或拒绝与异性交往,一些男生或女生反而向往与异性接触,甚至已经有了喜欢的对象。对异性疏远时期的出现代表了性意识的唤醒,强化了对不同性别角色的认知,是个体发展中必要的心理过程。

2.接近异性期(初中高年级至高中低年级)

这一时期的青少年男女对性生理的知识有了一定的了解,同性间会讨论与性有关的话题,如身体的变化或异性的特征,之前的迷惘和害羞逐渐减弱。而且经过了一段时间的疏远,青少年们对异性的好奇心和神秘感日益强烈,他们乐于与异性交往。同时受到一些影视剧作品、文学作品或周围环境的刺激,一些青少年会对异性产生性幻想。当然,并不是所有男女生都会在这一时期对异性产生好感,有些青少年仍然喜欢与同性来往,这有可能是他们的性心理发展较为迟缓,也有可能是他们的性取向并不是异性。

3.向往异性期(高中高年级至大学低年级)

随着性生理发育的日趋成熟,男女生们开始在意自己的性形象,如外貌仪表、举止谈吐等,以此增加对异性的吸引力,并且喜欢在异性面前表现自己以博得好感。部分异性间的交往已经发生。但由于此时的男女生性心理发展并未成熟,常常因为好奇心或者把对方理想化而冲动地与其建立恋爱关系,之后因为一些矛盾或发现对方并不如自己想象得完美而断绝交往,接下来又轻率地开始另一段恋爱关系。青少年们在此时期的交往关系并不稳定,交往对象会时常更换,恋爱经历也常常受挫。同样的,部分青少年此时仍然不会对异性产生爱慕之情,反而爱恋同性,或者同性异性都喜欢,也有的对任何性别的对象都不会产生感情。

4.恋爱期(20～30岁)

恋爱期是性心理发展的成熟阶段,此时的青年男女已经具备了丰富的知识、独立的判断能力,以及对交往对象符合理想中的形象的期望。他们会结合自身情况选择合适的交往对象,并把关注和忠诚逐渐集中在一个异性身上,与其建立稳定长久的恋爱关系，同时为未来的婚姻生活做准备。当然，非异性恋者也会憧憬稳定美好的恋情，但由于周围各方面的压力，他们中很多人无法实现这一愿望。

第二节　大学生性心理问题

案例分析 2-3

大学生李某现年 20 岁，从小性格内向、不合群，在初中二年级时无意中学会手淫，从那之后便一发不可收拾，长期频繁手淫。在享受性快感的同时，李某又深感自责和羞耻，认为手淫是一件不光彩的事情，害怕别人知道他有这种行为。近一年，自觉双眼视力急剧下降，记忆力减退，思维迟钝，但时常无法控制地手淫而无法自拔。中考前学习任务繁重，升学压力大，但李某感觉精力不足，注意力无法集中，记忆力急剧减退，同时沉迷于频繁的手淫，导致无法正常学习。之后的中考成绩不理想，进入了本地一所普通中学就读。

李某本想在高中阶段认真学习，戒掉手淫，但受到周围同学的影响，经常和他们一起通宵看成人录像，并快速上瘾，致使性神经极度亢奋，手淫更加频繁。平时大脑里充斥的都是性交场景，整个人终日昏昏沉沉，对身边的任何事物都完全麻木，体力和脑力越来越差，无法学习和思考，也无法和其他同学正常交往。虽然李某认为手淫是不好的行为，思想上也一直有沉重的包袱，行动上也曾尝试一些方法改变身体和精神状况，但都无济于事。在勉强考入一所普通高校之后，李某立志改变之前的生活习惯，投入到新的大学生活中，但仍然无法控制地去网上搜索成人视频、图片等，无法静下心来思考和学习。

李某曾求助于中药治疗，同时努力做到清心寡欲，但未见任何成效，有时甚至性欲反应更加强烈。身体上的不适、心理上的压力、人际交往上的困难使李某十分痛苦，不知该如何面对接下来的大学生活。

思考：

1. 你对“手淫”持什么看法？
2. 造成李某当前状态的原因是什么？
3. 李某该如何缓解当前的痛苦？

一、大学生性心理特征

大学生的性心理发展存在一定的个体差异，但总体而言仍然具有典型的年龄特征，主要包括以下几个方面。

(一)性生理发育与性心理发展阶段不一致

虽然大学生的性生理发育已经成熟,但性心理发展受多方因素的影响而明显滞后。调查资料显示,在 20 世纪 90 年代末,女生初潮的平均年龄已经提早到 13.6 岁,男生首次遗精的年龄提早到 14.0 岁,这意味着男女生到大学阶段已经是生理发育成熟的成年人。但受传统观念的影响,我国中小学校普遍都未把青春期性教育纳入青少年必修课的教育之中,从而导致青少年在青春发育期未能掌握科学的性知识,阻碍了性心理的发展。相当一部分刚进入大学的青少年对性一无所知或一知半解,虽有性需求和性欲望,但不知如何合理处理,处于一种性生理成熟但性心理严重滞后的状态。

(二)性观念开放程度与性知识掌握程度不协调

随着时代的发展和社会的开放,大学生们有更多的机会接触到多元的性观念,特别是西方性开放思想,受其影响,当代大学生的性观念普遍较为开放。我们在校园中常常能看见年轻的情侣们有亲密的边缘性行为,包括搂抱、接吻等。更有调查资料显示,相当一部分大学生能够接受婚前性行为,认为这是大学生正常的性需求,或者只要两人相爱就可以发生性关系。但同时我们不得不意识到,大学生对性知识的掌握情况并不乐观,表现为对自身性生理特征的不了解,对怀孕、避孕知识的缺乏,以及对性传播疾病的防范意识薄弱等。这种性观念开放但性知识匮乏的不协调无疑会影响大学生建立和发展良好的性际关系,从而阻碍健康性心理的形成。

(三)传统性观念与现代性观念并存

大学生性观念的形成受个体自身、家庭、学校和社会的共同影响,因此即使大学生普遍性观念较为开放,但仍受到家庭性观念和社会性道德规范的约束。一些大学生处于传统性观念和现代性观念的冲突中,例如,有的大学生认为发生性行为是大学生的正常需求,但仍然担心被他人知道后会有异样的眼光,家长会失望责备,以及未来的婚姻会受到影响。这种观念的冲突无疑会给大学生增加较为沉重的负担。有些大学生在并不确定自己心意的情况下发生了性行为,之后就陷入深深的后悔和自责中。为避免这一情况的发生,大学生在发生性行为之前一定要慎重考虑,在明确自己完全自愿,并能够接受可能带来的后果后再进行。当发现并非自愿时一定要坚决、明确地拒绝,千万不要因为怕对方失望或离开而勉强自己,因为行为的后果只能由自己承担,所以必须要对自己负责,真正爱你的人不会因为你的拒绝而离开。

(四)男女大学生的性心理特点存在差异

男性大学生的性开放程度普遍高于女性大学生,表现为在追求性对象、提出性要求,以及发生性行为(包括边缘性行为)时比女性更主动。这主要是由中国社会长期对男女两性的性别角色要求不同造成的。男性一般被要求处于主动、强势的地位，这会对那些性格较为温和的男性带来压力；而女性被希望表现出被动、弱势的形象，所以一些女性在性关系中无法主动、坦诚地表达自己的性想法和性要求。性心理特点的差异对男女大学生都会带来一定的压力，因此实现性别角色的平等具有非常重要的意义。

二、大学生常见性心理困惑

伴随着性生理和性心理的变化，大学生会对自身的生理特征和心理状态产生困惑，这些困惑如不能得到及时和科学的引导和解决，那么大学生很可能会出现一些性心理问题，包括对自身性形象的自卑、对性渴望的焦虑、对自慰的矛盾和对性幻想的自责等。

思考：很多人认为女生学得好不如嫁得好，想要嫁得好就得长得好，对此你怎么看？

（一）性形象

性形象指受遗传和环境等影响，个人表现出的性别形象，包括生理性形象、社会性形象、心理性形象等。生理性形象指面容、体形等受遗传和生理因素影响表现出的生理特征，也是大学生重点关注和不断致力于改善的方面。社会性形象指不同性别的个体受社会背景、地域差异、社会角色等影响在仪表、服饰等方面呈现出的特征。心理性形象指个体因心理差异而表现出不同的气质、人格、举止谈吐等。

一个人的性形象包涵了他在生理、心理、社会等方面的形象特点，这三者相互联系、相互影响、缺一不可。大学生受其所处环境的影响，普遍以大众对男女两性的性别要求来衡量自身的性形象是否达到了所谓的“标准”，如女性要皮肤白皙、身材苗条、胸部丰满、善解人意、温柔体贴，而男性要身材高大、体格健壮、阳光外向。但在现实生活中，只有极少数男生和女生对自己的性形象是完全满意的，多数大学生对自己都有各种各样的不满，有部分大学生甚至因为自己的性形象而产生自卑的心理，阻碍了人格的健康发展。在此，我们需要澄清几个问题。

1. 是否真的存在“美的标准”？

我国有着悠久的历史，在时代的变迁过程中出现过许多“美的标准”，如以白为美，以瘦为美，以柔为美；但同时也有与之相反的审美标准，如以胖为美，以健壮为美，以刚为美。所谓的“审美标准”一直以来都是时代特点和需求的产物。简言之，美丽从来没有固定的标准。如今，大众的审美观呈现出多元化的趋势，个性张扬、打扮中性化的女性受到了大家的追捧，而长相柔美、性格安静温柔的男性也成为众多男女生喜爱的对象。社会对于多元性形象的包容度已经越来越高，但仍有相当一部分大学生想改变自己以达到传统的审美标准或者效仿成为某位受欢迎的明星，这其中不乏一些不健康的方式，如节食、吃药、动手术等。这些方法也许确实能在短期内改变一个人的外在形象，但它们对身体带来的负面影响也是不可忽视的，如损害内脏功能、导致月经不调或绝经、患上厌食症、整容失败等，严重的甚至会剥夺生命。曾经有一则报道，一位花季女生因为长期服用减肥药而不幸去世。所以大学生不可盲目追求所谓“快速变美”的方法。

2.外貌是否真的很重要?

相较于上一个问题，“外貌是否真的很重要?”这个问题显得更为关键。曾经听到过很多大学生充满不甘和疑惑地询问:“难道长得丑(其实并不丑)就没有恋爱的权利吗?”“难道长得不好看就找不到好工作了吗?”也许没有人会说一个人的外貌不重要，因为确实良好的外表会帮助我们在第一时间获得他人的好感，甚至是工作和交友的机会，但随着时间的推移，仅凭外貌是否能够维持一段友谊或爱情，是否能够促进工作上的提升，答案应该是否定的，除非恋爱对象和职业要求只需要你的外貌。在日常生活中，我们常常可以看见一些外表并不出众的同学有很好的人缘，或者恋爱的对象，他们吸引他人的很可能不是外貌，而是积极乐观的心态、幽默风趣的谈吐、自信豁达的表现等。反观一些外形靓丽、打扮时尚，但性格孤僻、斤斤计较、待人严苛的同学并不受大家的欢迎。而在工作方面，扎实的专业能力和良好的综合素质才是个人晋升的助力。

3.大学生如何提升性形象?

通过上述两个问题我们了解到“外在美”并不是最重要的，实现“外在美”的方式也需要慎之又慎，但不意味着我们不该美化外表。在经济允许的情况下，用合理的方式打造适合自己的外在形象也是大学生应该考虑的问题。除此之外，大学生更应好好把握珍贵的大学时光，丰富内涵、提升修养、改善气质、悦纳自己、完善人格，要明白“腹有诗书气自华”。

(二)性渴望

随着性生理的发展，青少年进入青春期后性意识逐渐觉醒，对于男女两性的特征以及两性间的接触充满好奇，由此产生了性渴望。大学生渴望更多地了解异性，渴望明白成人间的性行为是如何进行的，渴望与心仪的对象有更为亲密的接触，这些都是正常的性心理，也是个体性发展的必然阶段。

性渴望产生的时间以及强弱程度存在个体间差异，有的发生在青春期早期，有的直到青春期中期或后期才有明显的性意识；有的表现较为强烈和主动，会通过各种渠道满足性渴望，如阅读成人小说、观看成人影片等，而有的反应较为平淡和被动，不会刻意寻求性刺激；同时，有的会通过与他人的实际接触满足性渴望，而有的只是停留在想象阶段，不会付诸实际行动。不论是哪一种表现都符合大学生性心理发展的特征，不应被恶意地指责或干涉。

但需要注意的是，个体性渴望的满足需要遵循一定的原则，包括适度、安全、自愿、负责等。首先，青少年由于自控能力有限，在面对强烈的性刺激时容易沉迷其中而难以自拔，表现为长时间地观看成人影片或沉浸于与性相关的想象中，以至于影响了正常的学习和生活，长此以往会阻碍性心理的健康发展。因此性渴望要适度。其次，要选择安全的方式满足性渴望，避免在此过程中伤害自己或他人。此外，与性对象发生性行为必须遵循自愿原则，不可以人身威胁或精神胁迫的方式强迫他人与自己发生性行为，情节严重的会触犯我国相关的法律法规。最后，大学生处在荷尔蒙分泌旺盛的时期，有时会因一时激情而有发生性行为的冲动，这时需要暂时冷静一下，考虑自己和对方在性方面的观念是否一致，是否能够承受发生性行为的后果。如果确定双方完全自愿，性观念也一致，那么也要做好安全措施，一旦出现意外怀孕的情况，自己和对方都要承担相应的责任。

（三）性自慰

性自慰，常被称为“手淫”，指用手或工具刺激生殖器官以获得性快感、满足性欲望的一种性行为方式。男性一般采用手指挤压、上下抚摸阴茎、摩擦龟头等形式，也有将阴茎摩擦其他物品。有些男性的乳头也很敏感，自慰的时候也会抚摸、摩擦自己的乳头。自慰最后的结果是射精。女性一般采用通过夹紧双腿刺激阴部、抚摸乳房、摩擦乳头、使用手指摩擦小阴唇，或者按摩、按压阴蒂的形式，也有人使用手指或借助物品刺激阴道内部，直到性高潮。

“手淫”中的“淫”字体现了人们传统性观念中对这一行为的负性评价，认为它是一种不道德的行为，或者会损害身体和精神健康的行为。但现代医学和心理学研究已经证明，自慰是人类正常的性行为，适度的自慰有利于释放性冲动，达到性满足。自慰本身并无害，所谓有害的自慰往往指过度的、自身无法控制的自慰，或者使用了错误的、有伤害性的方式进行自慰的行为。部分青少年和成年人声称被自慰所害，以至于无法正常地学习、工作和社会交往，经过分析发现，他们一般有以下几个问题。

1.对自慰的错误认识

缺少科学性教育的青少年容易受传统观念的影响，认为自慰是一种肮脏、不道德的行为，一旦自己有这一行为就会产生自责、羞耻、恐惧的想法。这样的精神压力会在躯体症状上反映出来，如记忆力下降、思维迟钝、注意力无法集中、神经衰弱等。其实，这些症状并不是由自慰引起，而是由对自慰的偏见和恐惧心理引起的。

2.存在人格缺陷

被自慰“所害”的人们很多存在一定的人格缺陷，包括但不限于以下两个方面：

（1）性格过于内向孤僻，不善与人交往。处于性探索期的青少年会有很多的困惑和不解，与他人的沟通交流能够帮助他们了解相关的知识；但性格过于内向孤僻的人不会表达自己的想法，即使有疑问也只会自己寻找答案，即使想要与异性接触也不会有行动，即使有了心仪的对象也只会压抑内心的情感，不敢向对方做出表示。然而，对于各方面的压抑终究需要一个发泄的出口，自慰就成了较为隐秘和安全的宣泄方式。因此，这一性格的人更有可能沉迷于自慰中。

（2）缺乏自控能力与解决问题的能力。人格健全的个体拥有较好的自我管理能力和压力应对能力，因此他们能够控制自己的行为，在面对难题和挫折的时候知道如何合理地应对。而通过研究发现，那些被自慰问题困扰的个人无法控制自己的思想和行为，容易受不良性刺激的影响而无法自拔；遇到现实压力的时候更加无法控制地通过自慰来宣泄内在的负面情绪。长此以往，自慰已然演变成了他们逃避问题、缓解压力的方式。但不幸的是，自慰带来的快感和放松只是一时的，现实的压力仍然存在，于是这一类人在无法解决实际问题的情况下会不可控地进行自慰，以寻求心理上短暂的放松。

客观地看待自慰、培养健全的人格、养成良好的生活习惯有助于形成健康的性心理状态，但自慰也需要注意几点：第一，自慰属于个人隐私，要在私密和安全的场所进行，不可在公共场所进行，也不可未经他人同意在其面前进行。第二，自慰前后要注意卫生，所用的手或工具需要经过卫生处理，否则容易引起相关炎症，而在自慰后也要做好清洁，及时更换内裤。第三，要选择安全的方式自慰，不可将一些小的物品插入生殖器官中，以免无法拔出，也不可将硬物或易破裂的物品插入肛门或阴道中造成器官的损伤。第四，自慰只是一种自我满足的方式，大学生仍需在现实生活中发展与他人健康的性关系。

手淫的危害不在于手淫本身，而在于手淫造成的精神负担，如担忧、恐惧、羞愧和罪恶感等。对手淫的错误认识是导致大学生不安、烦恼的真正原因，也是使手淫变得难以节制的主要原因。长期频繁的手淫会导致大脑高级神经功能和性神经反射的紊乱，以及生殖器官的充血和炎症病变等。一般来说，男性自慰的频率比女性高，青年男性还可能发生梦遗，以后会随着体内荷尔蒙的减少及正常的性生活而频率逐渐降低。但是如何定义过度，那要看人而定，简单地说，如果不妨碍日常生活作息，就不属于过度。

3. 调适

医学专家吴阶平院士指导青少年对手淫应持的态度是："不以好奇去开始，不以发生而烦恼，已成习惯要有克服的决心，克服之后就不再担心。这样便不会有任何不良后果。"

（1）情绪转移法：即当性冲动产生时，主动将注意力从性刺激源上离开，把精力投入到其他活动。

（2）厌恶法：也可采用消极的强化法，在手腕缠上橡皮圈，用橡皮圈自弹手腕，直到性冲动消失且手腕疼痛为止。

案例分析 2-3

一个入校不到半个月的大学生，先后两次实施自杀。抢救过来后，他道出了自杀的原因。这名同学的父母均在农村务农，他们内向、木讷，不善言辞。该生从小学习优秀，但自卑、孤独，从不与人交往。高中住校后，偶尔的一次自慰，让其产生从未有过的感觉。此后，就经常自慰，压力大时一天数次。平时也不太注意卫生，几个月不洗澡，很少换洗衣服，所以身边的同学经常因其身上的味道而指责他。每到这时他就非常紧张，认为自己身上的味道是自慰的结果。他生怕同学知道自己自慰，在他看来，自慰是一件很不光彩的事情，若让同学发现，会更让同学耻笑自己。同时也很担心自己的身体，怕这样下去，会有损于身体健康，更怕影响今后的婚姻生活。考上大学后，他感到极其不适应，自慰的频率更高了，因此更加担心自慰行为被同学们发现，可又克制不住自己，整天提心吊胆，焦虑不安，感到生不如死，于是采取了极端的行为，幸好被同学发现送去医院抢救。

思考：

你知道女性如何自慰吗？对此你怎么看？女性自慰是否是放荡、不纯洁的表现？

（四）性幻想

性幻想，也称性想象，指性生理发育到一定阶段的个体在特定因素的影响下，在大脑中虚构与性相关活动的心理过程，包括约会、接吻、拥抱、性交等。性幻想有时仅限于想象，而有时会伴随着自慰或性交行为。性幻想可以引起性兴奋，甚至性高潮，在一定程度上满足了自身的性需求。性幻想的对象可能是生活中认识的人，可能是喜欢的明星，也可能是虚构的人物。

性幻想是性心理发展的产物。青少年受到年龄和各种条件的限制，一般无法和自己喜欢的对象自由地进行性接触，此时性幻想成为实现性满足的有效途径。不管是男生还是女生都会有性幻想，这并非是羞耻或不道德的行为，也不会对他人造成困扰或伤害，因此不必有精神负担。一些女生受传统社会性别角色观的影响，认为女生有性幻想是不自重或放荡的表现，这显然违反了人类的性本能，也违反了当前性别平等的观念。当然，性幻想也需适度，大学生不可生活在幻想中，以至于脱离现实生活，阻碍学习和正常的社会交往。当发现自己或他人沉浸于想象中不可自拔时要及时寻求专业的帮助。

第三节　性心理障碍

在日常生活中我们也许会听说或遇见一些令人匪夷所思的事情，如某位男子专偷女性的内衣裤；有人会在公共场合裸露自己的生殖器官，在看到女性害怕地尖叫或跑开时才满意地离开；也有的人认为自己生错了性别，希望通过各种方式以另一种性别生活。大众普遍认为这些人是“变态”，应该远离他们或送他们接受治疗，但也有少数人觉得只要他们不伤害他人或违反国家法律法规，他们有权利选择自己想要的生活方式，做自己喜欢的事情。美国精神病学会最先将这些行为归纳到《诊断与统计手册：精神障碍》(DSM)中的性障碍，中国精神障碍分类与诊断标准第三版(CCMD-3)也对此有详细的解释。

性心理障碍

一、性心理障碍概述

性心理障碍又被称为性变态，指个体偏离常态的性心理和性行为，并且此类偏离为行为人唯一或主要得到性兴奋与性满足的方式。性心理障碍患者获得性满足的对象或方式与常人有很大的差异，因此被认为是“异常”，但“正常”和“异常”的界定标准并不是一成不变的，有些标准随着时代的发展已然发生了变化。早在1990年，世界卫生组织就正式将同性恋从疾病名录中去除。2001年，中华精神科学会也将同性恋从精神疾病分类中删除。在不同的社会文化背景下，性行为或性心理是否“正常”也许有着截然不同的评判标准。

不可否认，有些性心理障碍行为违反了社会道德规范与法律规范对个人行为的要求，如露阴癖和窥阴癖患者会对他人造成精神伤害，而恋物癖患者会因为偷盗造成他人财物损失，一旦被发现也将受到法律处罚；但我们不能简单地认为他们就是心理变态或道德败坏，事实上他们很多人存在人格缺陷、性交障碍、社会适应困难，以及强烈的内心冲突。一方面他们明白自己的行为违反了社会道德规范或者法律法规，但另一方面他们又无法控制或停止这些行为，内心非常痛苦。而对于另一些社会适应良好、未对社会和他人造成损害，仅仅在性行为上与大多数人不同的个人而言，是否必须被贴上性心理障碍患者的标签也是值得探讨的问题。

关于性心理障碍的成因至今还没有明确的定论，部分学者将其看成是先天异常，具有生物学基础，也有学者认为这是个人受生活经历或周围环境影响后期形成的，但没有一种理论可以解释所有患者的病因。一般认为，性心理障碍是受心理与社会因素影响而产生的。当个体正常的性欲遭到不合理的限制或压抑，或因人格缺陷无法通过正常的途径宣泄或满足性需求时，就会通过异常的方式表达出来，形成性心理障碍。

二、常见性心理障碍分类

中国精神障碍分类与诊断标准第三版（CCMD-3）把性心理障碍归为三类：性身份障碍（有变换自身性别的强烈欲望）、性偏好障碍（采用与常人不同的异常性行为满足性欲）和性指向障碍（对于常人来说不会引起性兴奋的人或物，对这些人有强烈的引起性兴奋的作用）。

（一）性身份障碍

性身份障碍主要指易性症，或性别改变症，是个体持续对自身性别的认定与解剖生理上的性别不一致的心理。患者往往厌恶其生理性别并强烈希望改变自身性别的解剖生理特征，一般会通过穿异性的服饰、打扮成异性的外在形象等减轻内心冲突，也有部分患者会服用异性激素拥有异性的第二性征，少数患者会采用手术的方式彻底转变成异性。此外，易性症的鉴别还需排除其他精神疾病所致的类似表现，并且无生殖器解剖生理畸变与内分泌异常。

易性症的成因同样尚无定论，部分案例显示其有一定的生理基础，即患者在未受到外在环境的影响下自性别意识萌芽时就认为自己应该是另一种性别。如某著名表演艺术家在儿童期就表现出对异性的性别认同，最终选择通过手术成为自己偏爱的性别。然而也有案例显示，家庭教养方式以及周围环境同样会对个体的性别认同产生影响，如男孩从小被当成女孩养，女孩被家庭嫌弃，希望她是个男孩等，这些外在因素都会影响个人对自身心理性别的认同。

对于易性症的干预主要包括心理、激素和手术三种方式。当患者因为生理性别和心理性别不一致而痛苦时，适当的心理干预可以帮助他们宣泄情绪、调整认知，重新认同生理性别，或接纳这种不一致，以自己喜欢的方式生活。激素治疗可以帮助患者获得渴望的异性性征，但这种疗法有一定的副作用，需要长期使用才能维持异性的第二性征。手术治疗是最彻底的方式，但手术本身就有很大的风险，而且手术后将面临一系列的问题，如公民身份是否可以重新确定、求职过程中是否会被雇主接受、家庭成员是否能够理解和支持等，所以手术治疗前一定要慎重考虑，不可轻易尝试。

思考：当前，国际社会将“易性症”（也称为“跨性别”）与同性恋、双性恋等一同归为“性少数群体”，并呼吁大众平等看待这类人群，反对任何形式的歧视。

对此你怎么看？为什么？

(二)性偏好障碍

性偏好障碍指个体寻求性刺激、达到性兴奋和性满足的对象并非成人,如衣物、动物、毛发、儿童等。这些行为会对他人和社会造成危害,也违反了社会道德标准,为大众所不能接受,因此被列为性偏好障碍。

1. 恋物症

恋物症指使个人产生性刺激或获得性满足的主要或唯一来源为无生命的物体,一般为异性使用过的东西,如内衣裤、袜子等,也有对毛发、女性的某个身体部位产生性兴奋的类型。抚摸、嗅闻、亲吻这些物品并伴以手淫,或要求对象在性交时穿戴、手持这些物品,可获得性高潮。并且反复收集这些物品以满足性欲望与性兴奋。恋物症患者几乎都是男性,他们对这些物品的主人不感兴趣,一般不会与之接触。中国精神障碍分类与诊断标准第三版(CCMD-3)指出,所恋之物为刺激生殖器官的性器具不属恋物症。

恋物症患者大多存在性格缺陷,如极度内向、消极悲观等,人际交往方面也存在障碍,特别是与异性交往困难。此障碍常起始于青春发育期,目前的干预方法主要是心理治疗。

案例分析 2-4

小明是某大学新生,从小性格腼腆内向,在家长严格的管教下很少与异性接触,也缺少性方面的知识,最主要的任务就是学习。进入大学后有一次路过女生宿舍看见晾晒在阳台上的内衣产生了性兴奋,此后常常从女生宿舍楼下经过偷看内衣。终于有一次抑制不住内心的冲动偷取了几件内衣,在抚摸、嗅闻中体会到了前所未有的性快感,但同时他也意识到自己行为的异常,害怕被别人发现,内心非常痛苦。

思考:

1. 你认为小明这一行为的产生原因是什么?
2. 你如何看待这一行为,以及小明本人? 为什么?
3. 你会对小明提出什么建议?

2. 异装症

异装症又称恋物性异装症,是恋物症的一种特殊形式,指个体通过穿戴异性服饰获得性兴奋的心理,一般开始于青春期,男性和女性均有,以男性居多。异装症不同于易性症,患者认同自己的生理性别,并不要求改变自身性别的解剖生理特征,也不同于同性恋,大多数患者的性取向仍是异性,更不同于恋物症,患者并不迷恋某些特定的物品,而是需要穿着整体服饰、化妆、戴上假发等才能获得性兴奋。

异装症者通常不会在公共场所穿戴异性服饰,但我们有时也会在街上看见少数男性穿着女性的服装。在一些国家，社会对此行为的包容度较大，异装者不会受到异样的眼光，有些家庭成员甚至表示支持他们这一行为。异装症的成因尚无定论，干预的方法以认知行为疗法为主，但效果并不明显。

思考：你如何看待异装人群？为什么？

3. 露阴症

露阴症指的是一种反复或持续地在异性陌生人面前暴露自己的生殖器，以达到性兴奋的异常行为，几乎仅见于男性。露阴症患者通常选择在傍晚偏僻的场所，趁路人毫无防备的情况下突然裸露自己的生殖器，并伴有手淫以达到性高潮。路人的反应越强烈，他们越兴奋。这类患者没有与暴露对象性交的意愿或要求，一般会与之保持一定的距离，如果对方表现得很冷淡他们就会感觉扫兴而走开。

露阴症的起因同样没有定论，普遍认为与个体的心理和社会因素有关：社会因素包括工作压力过大、人际交往受挫等，当个人无法以合理的方式处理这些压力时会选择暴露自己来缓解压力、获得自我肯定、得到性兴奋；心理因素主要与个体的性格有关，一些男性存在性格缺陷，过于内向、不善于表达自己、自信心低下，露阴时对方惊恐的表现会使他们重新获得自信。对于露阴症的主要干预方法仍然是心理治疗，从认知干预和厌恶干预两方面进行治疗。

思考：当你遇到露阴症患者向你展示其生殖器时应该怎么做？

4. 窥阴症

窥阴症又称窥淫癖，指通过反复窥视异性裸体、性器官、排便过程，或者他人性活动以引起性兴奋的异常心理。患者会在窥视时当场手淫，或在事后回忆当时的景象并手淫以获得性满足，几乎仅见于男性。同露阴症一样，窥阴症患者并没有与窥视对象发生接触或性交的愿望，他们害怕被发现，但同时又因为偷窥行为带来的刺激而感到兴奋。

处于青春期的青少年们也会因为好奇而有过偷窥的欲望和行为，但在成长过程中这些欲望和性冲动会通过正常的方式得到满足。而窥阴症患者则因为性格缺陷、人际交往能力欠缺、性知识缺乏等原因造成性压抑，害怕与异性接触或性交，只能通过这种方式得到满足。窥阴症的干预方法与露阴症一样，运用认知疗法与厌恶疗法进行治疗。

思考：观看色情音像制品或阅读色情杂志算不算是窥阴症？为什么？

5. 摩擦症

摩擦症仅见于男性，患者通常在拥挤的场合，或乘他人（通常是异性）不备之际，以身体的某一部分（常为阴茎）摩擦和触摸对方身体的某一部分（常为臀部），以达到性兴奋。摩擦症患者没有与对方性交的要求，也没有暴露自己生殖器的意愿，更不会有进一步侵犯他人的行为。需要注意的是，有时男性在拥挤的场合无意间触碰到异性的身体而引起性兴奋或性高潮的情况不属于摩擦症，当事人主观上是否故意是诊断这一障碍的重要标准。摩擦症的成因和干预方法与上述几类障碍相似。

思考：如果你在公共场合遇到有人对你进行摩擦行为你会怎么办？

6. 性施虐与性受虐症

性施虐患者在性交过程中向性爱对象施加虐待，使之遭受痛苦或羞辱，从而产生性兴奋。常见的施虐方式包括捆绑、鞭打、滴蜡等引起疼痛，或者让对方象征性地受到侮辱等。施虐行为的目标并不是伤害对方，而是从中获得性兴奋，但有时会造成受虐对象伤残或死亡。施虐者以男性居多。

在性活动中以接受虐待行为、感受痛苦和羞辱来达到性兴奋者为性受虐症患者，男性、女性、同性恋者与异性恋者都有。在极端的情况下，性受虐者通过造成脑部缺氧来感受窒息带来的性满足，这极有可能导致生命危险。

这种以虐待和被虐待的方式得到性满足的行为一般与个体早期经验相关，当施虐和受虐行为与性快感形成条件反射时，患者会在后期的性活动中将这些行为作为重要的刺激来源或满足性欲必需的条件。性施虐与性受虐症的干预同样以心理治疗为主。

案例分析 2-5

环球时报："宿舍性虐致死"

2013 年 4 月 17 日中午，某大学宿舍内发现一具腐烂的遗体，死者为该校研究生彭某。报道称，经过法医分析，初步判断该学生为"性窒息"死亡。原来，死者男扮女装玩自虐以获取性满足时发生意外而被闷死。

（三）性指向障碍

性指向即性取向，指个人在爱情和性欲上对两种性别有长期吸引的形式，包括异性恋、同性恋、双性恋、无性恋等。性指向障碍指起源于各种性发育和性定向的障碍。从性爱本身来说，非异性的性取向并不一定异常。中国精神障碍分类与诊断标准第三版(CCMD-3)将同性恋和双性恋纳入其中的主要原因是性发育和性定向可伴发心理障碍，如个人对自己的非异性取向无法接受或犹豫不决，由此产生焦虑、抑郁及痛苦情绪，甚至希望通过治疗加以改变。

同性恋目前已被认定为一种正常的性取向，任何声称能够改变同性恋取向的扭转治疗都属于违法行为，将受到法律的处罚。

关于各种性心理障碍的学习是性教育中重要的一部分，通过了解它们的含义、成因和干预方法我们可以对身边发生的事情和遇见的人有基本的认识和理解，以免因为不了解而产生恐惧、厌恶的态度，在日常生活中排斥或歧视这类人群。很多性心理障碍患者正遭受着内心的痛苦和折磨，他人的不理解或异样的眼光会让他们的生活更加艰难。如果发现自己在性方面有异常的表现并希望改变也可以及时调整，或积极寻求专业的帮助。心理治疗不会对患者做道德评判，也不会强制性地要求患者改变，而是进行解释和疏导，使患者认识到自己存在的心理问题，并在患者的密切配合下运用科学的治疗方法减轻痛苦、改变行为。当然，大家不可仅仅根据一些行为表现就随意地给自己或他人贴上性心理障碍的标签，否则会给他人带来精神伤害，也给自己增加无谓的精神负担。

第四节　性心理健康与性心理调适

一、性心理健康概述

(一)性心理健康的定义

1974年，世界卫生组织(WHO)在一次关于性问题的研究会上，对性健康的概念做了如下论述：所谓健康的性(sexual health)，它融合了有关性的生理面、情绪面、知识面及社会面，可以此提升人格发展、人际沟通和爱等。由此可见，性心理健康是一个综合、全面的概念，包含了生理性、心理性及社会性等方面的健康状态。

具体来说，性健康指个体具有正常的性欲望，能够正确认识性的有关问题，并且具有较强的性适应能力，能和异性进行恰当的交往，在免受性问题困扰的同时，还能使之完善自身人格，促进自身身心健康。近年来，越来越多的人意识到性健康对人类健康的重要性，因此与性健康相关的教育和知识普及正日益受到人们的重视。

(二)性心理健康的标准

个体性健康的标准主要包括以下几个方面：

1. 有正常的性需求和性行为

随着性生理的发育和性心理的发展，个体会产生性需求。所谓正常的性需求和性行为，指个体能够认识、接纳、妥当地释放和升华性需求，不过分压抑也不过于放纵，且性对象指向成熟的个人，更重要的是不会对他人和社会造成危害。

2. 能够接纳自己的性别角色

性心理健康的另一个标准是个人能够正视、接纳自己生理上的特征以及所应承担的社会性别角色。性心理健康的人能在社会背景下客观地认识和评价自己和他人；不厌恶自己的生理性别，不通过任何方式改变自己的生理特征；乐于承担社会性别角色，并在社会适应过程中优化性别角色。

3. 能够建立和谐的性际关系

和谐的性际关系对个人的生理和心理健康都有着至关重要的影响，性心理健康的人有着与他人交往并建立和谐性际关系的愿望，同时能自然、愉快地交往。在交往过程中遵守社会规范，遵循互相信任、互相尊重的原则，保持人格的独立，自尊自爱。

4. 性心理特点和性行为符合性心理发展的年龄特征

在不同的性心理发展阶段，个人的性心理特点和性行为会有很大的不同，并且不同个体间也存在一定的差异。但性心理健康的人所具有的性心理特点及表现出的性行为大致上会符合这一年龄段的一般特点，不会严重偏离同龄人的特征。

5. 具有较强的性适应能力以促进人格的健康发展

性适应能力指一个人在生长和发育过程中能使性活动与所处的社会环境和文化形态形成一种和谐关系的能力，从而使性生理、性心理、性社会三要素在性活动中交互作用而显示出的一种协调状态。其中性活动包括性欲、性意识、性观念及相应的情感、品质和性行为。性适应能力是在不断的学习和实践中掌握和提升的。较强的性适应能力体现在个人自我同一性的建立，面对自身身心变化时的理性态度，以及合理释放、控制性冲动的能力等。性适应能力的提高能促进人格的健康发展。

6. 行为符合所处社会的行为规范

虽然每个人都拥有性自由和性权利，但这并不意味着我们可以随心所欲、为所欲为，生活在社会文化中的个体都会受到社会行为规范的约束，并不存在绝对的性自由，而权力和义务向来是结伴而行的。性心理健康的人能够遵守所处社会的性道德规范，负责地做出有关性方面的行为和决定，抵制淫秽、庸俗的性思想，维护社会的性文明。

性心理健康是个体生理、心理、社会三方面的和谐状态，只有人们明确性心理健康的标准并进行积极的调节，我们的社会才能达到健康和谐的状态。

(三)性心理健康的意义

性心理作为人类心理的一部分，与人的身体构造、生理功能、心理素质和社会适应密切相关，因此拥有健康的性心理对个人有着非常重要的意义。

1. 有助于人们掌握科学的性知识

拥有健康性心理的人能够客观、理性地看待性知识和性信息，既不会完全拒绝，视其为淫秽下流，也不会不加区分地全盘接受，盲目地追求性刺激。只有当个人拥有健康的性心理，才能具备理智的性认识，才能接受科学的性知识，从而进一步促进健康性心理的发展。

2. 有助于人们接纳自己的性身份

性身份指社会对作为生理男性或女性提出的性别角色要求，在特定的社会环境下个人无法避免承担其相应的性别角色。一旦个体的性心理与性身份认同不一致，就会导致性心理失调，影响性健康状态。性心理健康的人能够正视并坦然接纳自己的性身份，承担其性别角色，促进恋爱、婚姻关系的和谐。

3. 有助于人们增进美好的性际交往

性心理健康的人能够以积极的心态面对与他人的性际交往，以恰当的方式表达和满足自己的性需求，尊重他人的性感受和性观念，合理解决出现的性冲突，通过有效的沟通使双方达到性生活的满意，促进性关系的良好发展。

二、大学生性心理调适

了解并掌握性心理调适的方法是大学生实现健康性心理状态的必要途径。

（一）充分掌握科学的性知识

大学生获取性知识和性信息的渠道多种多样，包括网络、书籍、音像制品、同伴交流等，但通过这些渠道获得的性知识未必具有科学性，甚至一些信息会对大学生产生误导，造成不必要的困扰。

如果大学生将不健康的资源作为获得性知识的主要途径，那么必将对性产生误解，例如，男性的生殖器是否必须达到一定的长度、女性的外形是否必须符合某些标准。错误的性知识和性观念会严重影响大学生的自我认知和评价，影响与他人建立恋爱关系，更会影响之后的婚姻生活。

因此，大学生们需要认识到充分掌握科学性知识的重要性，从科学的渠道学习性知识，不可一知半解，当遇到困惑时向家长、性教育工作者、老师或医生请教，也可以浏览科学的性教育网站和微信公众号。

（二）塑造健康的人格

拥有健康的人格是实现性心理健康的关键。一个人的人格是否成熟、健全会体现在他对待性的态度，以及与他人的交往关系上。人格不健全的人无法在性关系中保持自尊、自信和独立，尊重和信任性对象。有时候我们会在大学生情侣中发现这样的现象：一方非常依赖另一方，恨不得每时每刻都和对方在一起，而且特别敏感，一旦发现对方有些异常表现就很不安，患得患失，尝试通过无条件地满足对方来避免对方离开，或大吵大闹以吸引对方的注意力。

一个人若拥有健康的人格，会以恰当的方式与他人交往，把握分寸，做出负责任的行为；同时保持独立自主，不过分依赖或控制对方，给予自己和对方充分的独立空间，即使交往关系结束也能够理性对待；更加能够处理好恋爱、社交和学习的关系，在恋爱的同时保持和其他同学、老师的交往，明确作为大学生最主要的任务是学习和提高综合能力。

（三）进行积极的自我调适

性是美好的，但美好的性需要合理地控制才能实现。大学生处于性欲望和性需求强烈的时期，可能会寻求各种方式释放或满足性欲，此时需要注意把性控制在合适的对象、时间、地点、方式和社会规范中，使性生理、性心理和性社会规范达到和谐统一。同时考虑性行为对自己和对方会造成的影响，在双方自愿的情况下以安全的方式进行性行为，不可因一时冲动，对性欲望不加以控制，造成严重的后果。

有不少新闻报道大学生宿舍产子，甚至有大学生产子后母子双双身亡，这些都不是我们希望看见的悲剧，因此大学生们必须学会自我控制性欲望，可通过对其他人无影响的方式缓解性冲动，如把精力转移到学习、工作、各种文体活动、与他人正常交往上。

（四）寻求性心理咨询的帮助

大学生们可能或多或少会有一些难以对人言说的性困惑，也许也曾尝试通过网络寻找答案，但得到的信息很可能多种多样，甚至有些回答会让人产生自我怀疑或恐惧的心理。因此，当你长期经历某种性问题的困扰而纠结痛苦时，不妨考虑到本校心理健康中心寻求专业性心理咨询的帮助。

作为心理咨询的一个特殊领域，性心理咨询人员会遵循心理咨询的一般原则，如自愿原则、保密原则、不做道德评判原则等，充分尊重来访者的意愿，不强迫来访者做自我暴露，不对来访者的行为或观点做性道德评判，不会泄漏来访者的相关信息。之后，性心理咨询人员运用心理学的知识和方法，启发、指导和帮助来访者解决存在的问题，使来访者不再受性意识或性行为问题的困扰，同时改变不良的性适应行为方式，提高性适应能力，增进性心理健康。在此需要说明的是，性心理咨询同一般心理咨询一样，并不是由咨询人员直接告诉来访者问题产生的原因是什么或应该如何解决，而是在咨询人员的帮助下，由来访者自己认识到问题的根源所在，以及自己如何解决这些问题。咨询的过程也是来访者提高自我认识，提升解决问题能力的过程。

第三章　男性生殖系统基础知识及保健

男性生殖系统解剖

学习目的

熟悉男性生殖系统解剖及功能；为学习其他性相关知识奠定必要的形态学基础，帮助同学们更好地了解常见男性生殖问题及调适方法，消除恐惧心理，促进身心健康。

第一节　男性生殖系统解剖及功能

男性生殖系统包括外生殖器和内生殖器两个部分。外生殖器包括阴囊和阴茎。内生殖器由生殖腺（睾丸）、输精管道（附睾、输精管、射精管和尿道）和附属腺（精囊腺、前列腺、尿道球腺）组成（图 3-1）。

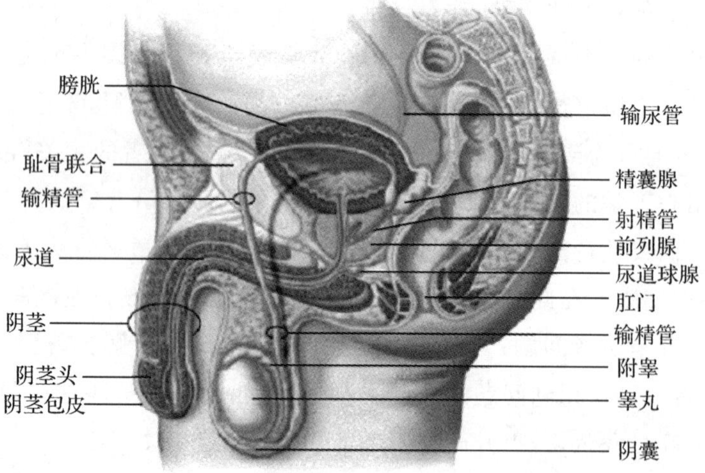

图 3-1　男性生殖系统

一、外生殖器

(一)阴囊

阴囊(图 3-2)是由皮肤构成的囊。皮下组织内含有大量平滑肌纤维,叫肉膜,肉膜在正中线上形成阴囊中隔将两侧睾丸和附睾隔开。其皮肤为平滑肌和结缔组织构成的肉膜,通过收缩与舒张调节囊内温度。阴囊内的温度低于体温,对精子发育和生存有重要意义。当体温升高时,阴囊舒张,便于降低阴囊内的温度;当体温降低时,阴囊收缩,以保持阴囊内的温度。

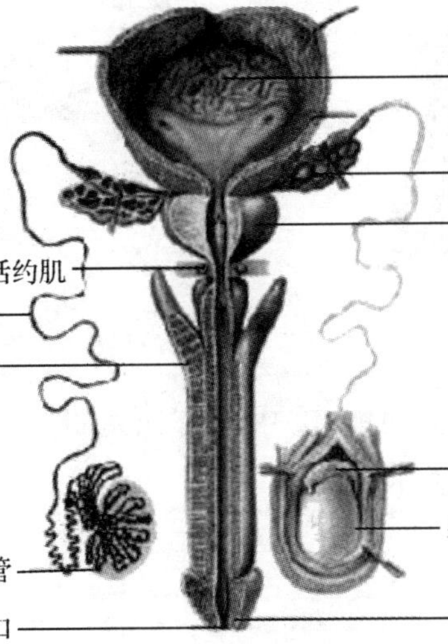

图 3-2 阴囊

胚胎发育早期,睾丸位于腹腔后壁腰部的腹膜外,随着胚胎的发育,逐渐下移,到出生前不久,经腹股沟管下降到阴囊内。胚胎出生后,如果睾丸仍滞留在腹腔内,而未降入阴囊,称隐睾症。由于腹腔温度过高,会使生精细胞变性,不适于精子发育而导致失去生精作用,引起不育。此外,还可能发生恶性病变,因此对隐睾症患者应尽早手术,将睾丸拉入阴囊,2～4 岁是进行手术的最佳时机,一般不超过 7 岁,最晚不能超过 11 岁。阴囊皮肤无皮下脂肪,却有许多皱襞、汗腺和皮脂腺,兼之阴囊靠近肛门,所以阴囊皮肤的表面常有较多的细菌隐藏,必须注意阴囊部位的卫生。

(二)阴茎

阴茎(图 3-3)可分为阴茎头、阴茎体和阴茎根三部分,头、体之间有环形冠状沟。阴茎头为阴茎前端的膨大部分,尖端生有尿道外口,头后稍细的部分叫阴茎颈。阴茎由两个阴茎海绵体和一个尿道海绵体,外面包以筋膜和皮肤而构成。尿道海绵体有尿道贯穿其全长,前端膨大即阴茎头,后端膨大形成尿道球。每条海绵体的外面包被着一层纤维膜，海绵体的内部有由结缔组织、平滑肌构成的小梁，小梁间的空隙称为海绵体腔，海绵体腔与血管相通，当这些腔隙充血时，阴茎即变粗变硬而勃起；反之则变软。海绵体根部附着肌肉，协助排尿、阴茎勃起及射精。阴茎皮肤薄而易于伸展，适于阴茎勃起。阴茎体部至颈部皮肤游离向前形成包绕阴茎头部的环形皱襞称为阴茎包皮。

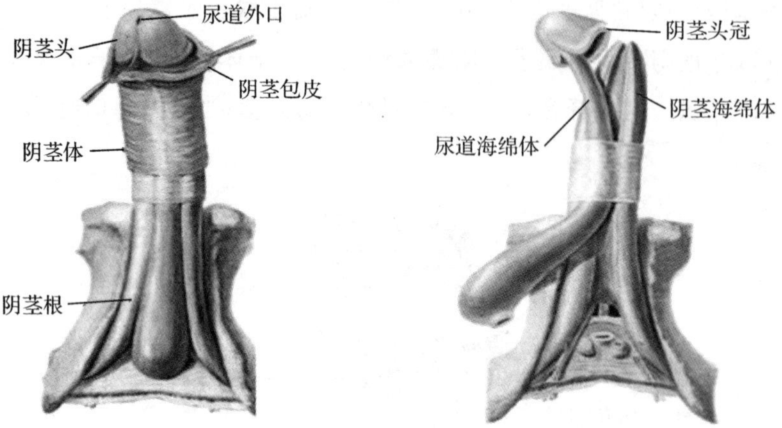

图 3-3　阴茎

阴茎的功能：①性交和射精功能；②中间有尿道贯通，兼有排尿功能；③勃起功能。在常态下疲软，悬吊于耻骨联合下方。

二、内生殖器

（一）生殖腺

睾丸（图 3-4）位于阴囊内，左右各一，呈扁椭圆体，分上下两端，内外两面，前后两缘。表面包被的致密结缔组织叫白膜。在睾丸后缘，白膜增厚并突入睾丸实质内形成放射

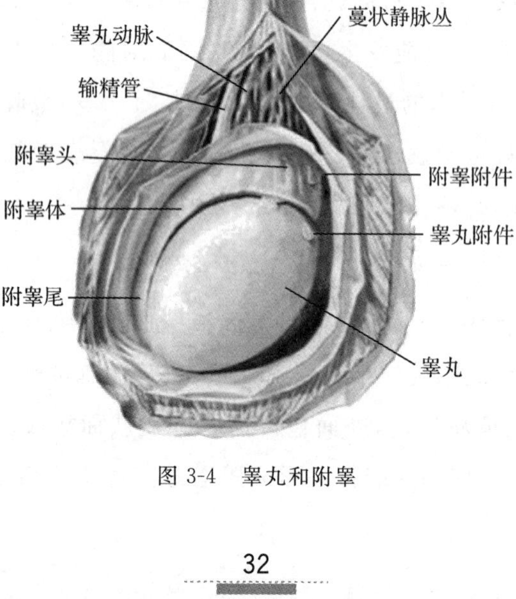

图 3-4　睾丸和附睾

状小隔，把睾丸实质分隔成许多锥体形的睾丸小叶，每个小叶内含2～3条曲细精管。曲细精管之间的结缔组织内有间质细胞，可分泌雄激素。曲细精管在睾丸小叶的尖端处汇合成直细精管再互相交织成网，最后在睾丸后缘发出十多条输出小管进入附睾。睾丸的主要功能是产生精子，分泌雄激素。

（二）输精管道

输精管道包括附睾、输精管和射精管，是输送精子的管道。

1. 附睾

附睾（图3-4）紧贴睾丸的上端和后缘，可分为头、体、尾三部。头部由输出小管组成，输出小管的末端连接一条附睾管。附睾管长约4～6cm，构成体部和尾部。功能如下：为精子生长成熟提供营养，附睾管壁上皮分泌附睾液，其中含有某些激素、酶和特异的营养物质；精子在此贮存、发育成熟并具有活力。精子从睾丸曲细精管产生，但缺乏活动能力，不具备生育能力，还需要继续发育至成熟，此阶段主要在附睾内进行。

2. 输精管

输精管长约50cm，呈圆索状。输精管行程较长，从阴囊到外部皮下，再通过腹股沟管入腹腔和盆腔，在膀胱底的后面、精囊腺的内侧膨大形成输精管壶腹，其末端变细，与精囊腺的排泄管合成射精管。

3. 射精管

射精管为男性输送精子的管道。射精管长约2cm，穿通前列腺实质，开口于尿道前列腺部。

（三）附属腺体

附属腺体包括精囊腺、前列腺和尿道球腺，具有分泌功能，前列腺也是一个性敏感部位，适当刺激该腺可引起性兴奋。

1. 精囊腺

精囊腺呈扁椭圆形囊状器官，位于膀胱底之后，输精管壶腹的外侧，其排泄管与输精管末端合成射精管。精囊分泌一种淡黄色黏稠液体，是组成精液的重要成分，约占精液的60%。其中含有丰富的果糖，为精子运动提供所需能量；含有的凝固酶能使精液射出后形成凝胶状，保护精子免受外界环境干扰。

2. 前列腺

前列腺（图3-5）呈栗子形，位于膀胱底和尿生殖膈之间，分底、体、尖。体后面有一纵生浅沟为前列腺沟，内部有尿道穿过。前列腺由腺组织、平滑肌和结缔组织构成，表面包有筋膜鞘。小儿前列腺甚小，腺组织不发育。性成熟期前列腺迅速增长，老年时又逐渐萎缩。如老年人前列腺内的结缔组织增生，形成前列腺肥大，可压迫尿道，严重时导致排尿困难和疼痛。

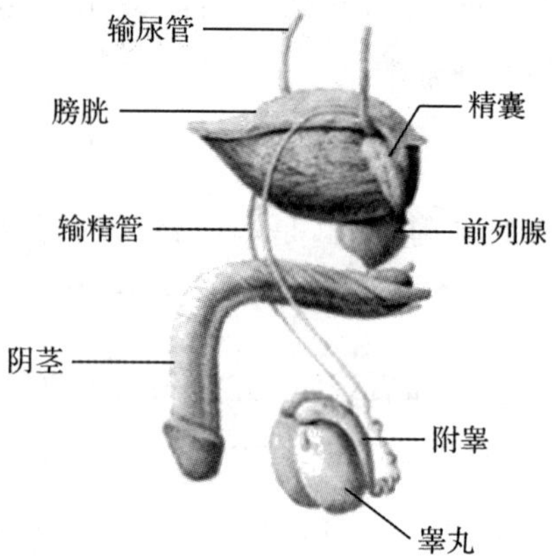

图 3-5 前列腺

前列腺具有外分泌和内分泌功能。其分泌物为前列腺液，呈淡乳白色，分泌量为每天 0.5～2ml，pH 为 6～7，内含前列腺素，是精液的主要组成成分。分泌物中含有多种酶，对精子的正常功能和生育具有重要作用，比如其中的蛋白分解酶和纤维蛋白分解酶可帮助精子穿过子宫颈内的黏液屏障和卵细胞的透明带，使得精子和卵细胞能够顺利结合；前列腺液中的胰液凝乳蛋白酶可促进精液液化。此外，前列腺液中还含有锌、酸性磷酸酶和柠檬酸盐等成分。分泌液浓缩凝固后可形成圆形或卵圆形小体，若发生钙化，则称为前列腺结石。一些久坐或缺乏运动者，如教师、司机、办公人员等，容易发生前列腺结石。前列腺还能产生丰富的 5α-还原酶，可将睾酮转化为更有生理活性的双氢睾酮。双氢睾酮在良性前列腺增生症的发病过程中起重要作用。通过阻断 5α-还原酶可减少双氢睾酮的产生，从而使增生的前列腺组织萎缩。

3. 尿道球腺

尿道球腺埋藏在尿生殖膈内，呈豌豆形，开口于尿道海绵体部的起始部。功能如下：分泌蛋清样碱性液体，排入尿道球部，参与精液组成。

第二节　常见男性生殖问题及调适

男性生殖健康
问题及保健(一)

一、阴茎偏小

(一)概念

一般成年男性的阴茎长度在疲软状态下有5～6cm,勃起时长度是疲软时的2倍。如果阴茎疲软时长度小于4cm,勃起时长度小于8cm,就称为阴茎短小。

(二)病因

形成阴茎短小的原因是多种多样的,有先天的因素,也有后天的因素,遗传基因的影响最为根本。

1.遗传因素

阴茎与身体其他器官一样,其大小及形态特点受遗传基因的控制。

2.发育与营养状况

一般来说,成年男性体格健壮,身材高大,其外生殖器包括阴茎、阴囊的发育也较好,阴茎可能较为粗大;反之,则可能相对小一些。但必须提醒的是,阴茎的大小并不与身高成正比。

3.肥胖

特别是一些耻骨联合部、会阴部脂肪丰满的男性,往往阴茎的发育欠佳,比起正常男性的阴茎会相对短小,而且患者自己目视自己的阴茎较困难,更加认为自己的阴茎偏小。

4.其他

患有睾丸炎、隐睾症、睾丸发育不全等症及内分泌不平衡,雄激素分泌不足,都可能造成阴茎短小。

(三)误区

阴茎是男性最明显的标志。男性对自己阴茎的外形异常敏感,它对男性意识的产生有较大的影响。“小阴茎之忧”成为性医学咨询的常见问题。评估阴茎大小正常与否需由专科医生来完成。有些人看了一些不健康的书籍或黄色录像、网络资料,受到了一些误导，盲目求“长”，这种心理是不可取的。目前，男性有关阴茎短小的问题普遍有以下几个误区。

1.常态下阴茎的长短

有不少人认为，常态下阴茎的长短是很重要的。其实，常态下阴茎的长短对于性功能的评估没有太大的现实意义，也不能作为评价阴茎功能的主要指标。所以，并不是常态下阴茎越长就越好。

2.身高与阴茎长短的比例关系

应注意身高与阴茎长短无比例关系，并非身体高大者阴茎必长，身体矮小者阴茎必短，这一点已获得许多研究者的科学证明。对阴茎偏小者，只要阴茎的长度在正常范围内，发育正常，就不会影响结婚、生育。男子在青春期发育成熟后，生殖器官已发育完全，不会再有变化了，不可能有任何灵丹妙药使阴茎再变大。如果听信谬论，滥用药物，不仅达不到目的，反而浪费钱财、损害健康。

(四)治疗

如果阴茎的确很短，在正常值以下，则必须找专科医师就诊，常见有两大类情况：一是性征发育异常；二是各种类型的尿道下裂和尿道上裂。

二、包茎和包皮过长

(一)概念

阴茎可分为阴茎头、阴茎体和阴茎根三部分，也常分为龟头和阴茎两部分，阴茎头和阴茎交界处称冠状沟，冠状沟处有上翻的包皮。脱落的上皮细胞，包皮内腺体分泌物、尘埃和尿液蒸发后的残余物积聚在包皮里形成包皮垢，包皮垢对阴茎头有刺激性，容易引起炎症。如果到了青春发育阶段，包皮仍然把阴茎头全部包住，根本无法上翻，便称为包茎；如果包皮能够上翻，但不能够使阴茎头常露出的，叫包皮过长(图 3-6)。

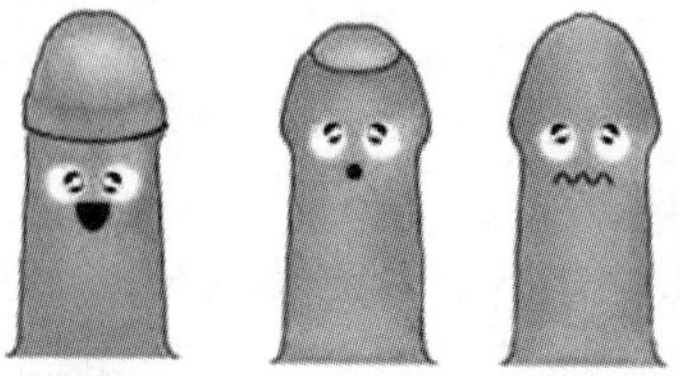

图 3-6　包皮

(二)治疗

包皮过长或包茎的人，由于包皮紧紧包住阴茎头，所以产生的包皮垢更多，危害性更大。有研究表明，包皮垢有致癌作用，可引发阴茎癌，同时，不洁的外生殖器婚后可诱发配偶生殖器疾病。对已发生的包茎或包皮过长的成年人，应及早去医院做包皮环切手术。

(三)预防

在正常情况下，7 岁以前的孩童，包皮较长，能完全包住龟头。包茎先天发生者很少，主要是后天局部炎症造成的。对 7 岁以前儿童的包皮过长，家长应经常帮助孩子上翻包皮，清除包皮垢，预防包茎的发生。

三、前列腺炎

前列腺炎是指前列腺受到致病菌感染和(或)某些非感染因素刺激而出现的骨盆区域疼痛或不适、排尿异常、性功能障碍等临床症状。前列腺炎是成年男性的常见疾病，50 岁以上的成年男性患病率较高。目前，前列腺炎的发病机制、病理生理改变尚不十分清楚。根据对前列腺炎的基础和临床研究情况，1995 年美国国立卫生研究院(NIH)提出新的分类方法，将前列腺炎分为四型：Ⅰ型，相当于传统分类方法中的急性细菌性前列腺炎；Ⅱ型，相当于传统分类方法中的慢性细菌性前列腺炎；Ⅲ型，慢性前列腺炎/慢性盆腔疼痛综合征；Ⅳ型，无症状性前列腺炎。以上分类方法较传统的分类方法有很大进步，但仍有待进一步完善。

(一)急性细菌性前列腺炎

1. 病因

急性细菌性前列腺炎大多由尿道上行感染所致，如经尿道器械操作。血行感染来源于疖、痈、扁桃体、龋齿及呼吸道感染灶，也可由急性膀胱炎、急性尿潴留和急性淋球菌性后尿道炎等的感染尿液经前列腺管逆流引起。致病菌多为革兰阴性杆菌或假单胞菌，最常见的为大肠埃希菌，也有葡萄球菌、链球菌、淋球菌及衣原体、支原体等。

2. 临床表现

发病突然，为急性疼痛伴排尿刺激症状和梗阻症状，以及发热等全身症状。典型症状为尿频、尿急、排尿痛，梗阻症状为排尿犹豫、尿线间断，甚至急性尿潴留，会阴部及耻骨上疼痛伴外生殖器不适或疼痛，全身症状有寒战和高热，恶心、呕吐，甚至败血症。临床上往往伴发急性膀胱炎。

3. 诊断

有典型的临床表现和急性感染史。直肠指检示前列腺肿胀、压痛，局部温度升高，表面光滑，若形成脓肿，则有饱满或波动感。感染蔓延可引起精囊炎、附睾炎，故禁忌做前列腺按摩或穿刺。常见的并发症有急性尿潴留、附睾炎、直肠或会阴瘘，若血行感染则可同时发生急性肾盂肾炎。尿沉渣检查有白细胞增多，血液和(或)尿细菌培养阳性。

4. 治疗

卧床休息，应用抗菌药物及大量饮水，并使用止痛、解痉、退热等药物，以缓解症状。如有急性尿潴留，避免经尿道导尿引流，应用耻骨上穿刺造瘘。抗菌药物：常选用喹诺酮类（如环丙沙星、氧氟沙星），以及头孢菌素、妥布霉素、氨苄西林等。如衣原体感染，可用红霉素、阿奇霉素等。如淋球菌感染，可用头孢曲松。如厌氧菌感染，则用甲硝唑。一疗程 7 日，可延长至 14 日。预后一般良好，少数并发前列腺脓肿，则应经会阴切开引流。

(二)慢性前列腺炎

1. 慢性细菌性前列腺炎

(1)病因：大多数慢性前列腺炎患者没有急性炎症过程。其致病菌有大肠埃希菌、变形杆菌、克雷伯菌、葡萄球菌或链球菌等，也可由淋球菌感染，主要是经尿道逆行感染所致。

(2)临床表现：

①排尿改变及尿道分泌物：尿频、尿急、尿痛，排尿时尿道不适或灼热，排尿后和便后常有白色分泌物自尿道口流出，俗称尿道口“滴白”。当合并精囊炎时，可有血精。

②疼痛：会阴部、下腹隐痛不适，有时腰骶部、耻骨上、腹股沟区等也有酸胀感。

③性功能减退：可有勃起功能障碍、早泄、遗精或射精痛。

④精神神经症状：出现头晕、头胀、乏力、疲惫、失眠、情绪低落、疑虑等。

⑤并发症：可表现变态反应，如虹膜炎、关节炎、神经炎、肌炎、不育等。

(3)诊断：慢性细菌性前列腺炎的诊断依据有反复的尿路感染、前列腺按摩液中持续有致病菌存在；但是，临床上常难以明确。

①直肠指检：前列腺呈饱满、增大、质软、轻度压痛。病程长者，前列腺缩小、变硬、不均匀，有小硬结。同时进行前列腺按摩获取前列腺液送检。

②前列腺液检查：前列腺液白细胞＞10 个/高倍视野，卵磷脂小体减少，可诊断为前列腺炎。但前列腺炎症状的轻重程度与前列腺液中白细胞的多少无相关性。

③超声检查：显示前列腺组织结构界限不清、混乱，可提示前列腺炎。膀胱镜检查可见后尿道、精阜充血和肿胀。

(4)治疗：治疗效果往往不理想。首选红霉素、多西环素等具有较强穿透力的抗菌药物。目前应用于临床的药物还有喹诺酮类、头孢菌素类等。亦可以联合用药或交替用药，以防止耐药性。综合治疗可采用以下方法：

①热水坐浴及理疗可减轻局部炎症，促进吸收。

②前列腺按摩，每周 1 次，以引流炎性分泌物。

③忌酒及辛辣食物，避免长时间骑、坐，有规律的性生活。

④中医治疗，应用活血化瘀和清热解毒药物。

2.慢性非细菌性前列腺炎

(1)病因：大多数慢性前列腺炎属此类。此病的致病原因医学界尚未有统一意见，可能由其他微生物，如沙眼衣原体、支原体、滴虫、真菌、病毒等所致。性生活无规律、勃起而不射精、性交中断或长途骑车、长时间坐位工作等诱因可致盆腔及前列腺充血。过量饮酒及吃辛辣食物常可加重前列腺炎症状。发病机制目前尚不完全明确。

(2)临床表现：类似慢性细菌性前列腺炎，主要表现为长期、反复的会阴、下腹部等区域疼痛或不适，或表现为尿频、尿不尽，可伴有不同程度的性功能障碍、生育能力下降、精神心理症状等一系列综合征，所不同的是没有反复尿路感染发作。体检结果与临床表现不一定相符。直肠指检示前列腺稍饱满，质较软，有轻度压痛。临床上具有慢性前列腺炎的症状，尤其是盆腔、会阴部疼痛明显，而前列腺液检查结果正常，培养无细菌生长，称为前列腺痛。

(3)治疗：若病原微生物为衣原体、支原体，则可用米诺环素、多西环素及碱性药物，其他可用红霉素、甲硝唑等。α受体阻滞剂可以解痉，改善症状。某些植物制剂对改善症状也有一定的疗效。有精神心理障碍者，可用抗抑郁、焦虑等药物。此外，每日1次热水坐浴；每周1次前列腺按摩以及去除易造成盆腔、前列腺充血的因素，往往也可有良好的疗效。

(4)调适：

①保持积极向上的精神状态：正确认识疾病，积极主动面对工作、学习、生活和疾病。

②勿过劳，免着凉：养成良好的生活习惯，起居生活规律有序；劳逸结合，避免过分劳累；避免着凉。

③饮食清淡：平时多饮水，多排尿，预防感染；多吃西红柿、苹果等水果；戒酒，忌辛辣刺激性食物；忌过食油腻食物。

④注意会阴部宽松：避免长时间骑自行车；不久坐，坐1小时左右就站起来活动活动；少穿或不穿紧身内裤。

⑤坚持热水坐浴(未婚未育男性慎用)：每次15～30分钟，保证一定的水温；注意个人清洁卫生。

⑥性交节律：避免接触有性刺激的书刊及音像制品；杜绝不洁性交；已婚患者性生活要有规律，勿过频过少，勿忍精不射或中断射精。

⑦强身健体：坚持适当的体育锻炼，增强抵抗能力，促进炎症康复。

四、病理性遗精

男性生殖健康问题及保健(二)

(一)概念

遗精是指在非性交情况下发生的射精活动。遗精是男性发育的信号,是男性进入青春发育期的一个重要标志,也是一种正常的生理现象。

(二)病理性遗精

病理性遗精是指婚后有规律地性生活仍发生遗精,或未婚发生过频的遗精,一周数次或一夜数次,或仅有性欲观念即出现遗精。

(三)病因

1. 心理因素

由于对性知识的缺乏,对性问题思想过度集中,对性刺激易于接受,使大脑皮层持续存在性兴奋,从而诱发遗精。

2. 性刺激环境影响

黄色书刊或电影等中的性刺激镜头刺激大脑,诱发遗精。

3. 过度疲劳

过度体力或脑力劳动,使身体疲惫,睡眠深沉,中枢神经系统活动加强而致遗精。

4. 炎症刺激

外生殖器及附属性腺炎症,如包皮龟头炎、前列腺炎、精囊炎、附睾炎等的刺激而发生遗精。

5. 物理因素

仰卧入睡,被褥沉重,刺激、压迫外生殖器,或穿紧身衣裤,束缚挤压勃起的阴茎而诱发遗精。

(四)治疗

1. 一般疗法

如神经衰弱者、思想负担过重者,可用镇静安眠类药物,如地西泮、氯氮䓬(利眠宁)、谷维素等。

2. 激素治疗

易发生性冲动者,可适当使用雌激素。

3. 抗菌治疗

有尿道炎、精囊炎、前列腺炎等原发病者,可用抗生素治疗原发病。

(五)调适

养成良好生活起居习惯,保持心情舒畅,积极参加健康的体育活动以排除杂念,节制性欲,戒除频繁手淫,还要避免接触色情书刊影像,防止过度疲劳及精神紧张。睡前可用温热水洗脚,并搓揉脚底。睡眠时,养成侧卧习惯,被子不要盖得太厚太暖,内裤不宜过紧。在饮食上需要注意少食辛辣刺激性食物及香烟、酒、咖啡。注意生殖器的清洁卫生,包皮过长者应早日手术。

五、阳痿

(一)概念

阳痿又称勃起功能障碍,英文简称 ED。阳痿是指在有性欲要求时,阴茎不能勃起或勃起不坚,或者虽然有勃起且有一定程度的硬度,但不能保持性交的足够时间,因而妨碍性交或不能完成性交。

(二)病因

阳痿可由器质性病变或精神因素引起。器质性病变引起的阳痿,表现为阴茎在任何时候都不勃起;而精神因素造成的阳痿,只是在性兴奋时或性交时阴茎不勃起,在平时或睡眠状态却有可能勃起。阳痿分级见图 3-7。

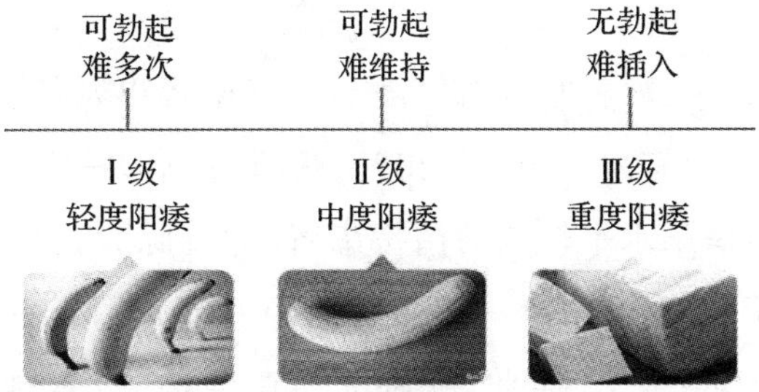

图 3-7　阳痿的分级

(1)阴茎不能完全勃起或勃起不坚,以至于不能圆满进行正常的性生活。

(2)年轻人由于与性伙伴情感交流不充分或性行为习惯不统一,出现焦虑和急躁并伴有阳痿。

(3)偶而发生阳痿,在下一次性生活时完全正常,可能是一时紧张或劳累所致,不属于病态。

(4)阳痿虽然频繁发生,但于清晨或自慰时阴茎可以勃起并可维持一段时间,多是由心理因素引起的。

(5)阳痿持续存在并不断进展,多为器质性病变所引起。

(三)治疗原则

治疗原则是安全、有效、简便及经济。恢复勃起硬度是治疗的重要目标。

1. 基础治疗

(1)矫正危险因素:如吸烟、酗酒、高血脂、肥胖、药物滥用等。

(2)加强原发疾病治疗:如糖尿病、高血压、阴茎硬结症、内分泌系统疾病等。

(3)调整心理状态:解除焦虑、紧张、抑郁等。

(4)加强性医学教育。

(5)和谐夫妻感情:配偶参与、相互鼓励。

2. 药物治疗

一旦发生阳痿,应尽早正规西药治疗,以获得更好的疗效,避免延误病情,甚至误诊、误治。

(1)选择性磷酸二酯酶5型抑制剂(PDE5i):PDE5i包括西地那非、伐地那非和他达拉非。PDE5i在性生活需要时服用,如使用方法得当、足够剂量、反复使用可能提高疗效,但作为一次性诱导勃起的药物不能从根本上治疗阳痿。PDE5i的主要不良反应有一次性轻度头痛、头晕、颜面潮红等,发生率为15%左右;由于PDE5i对周围血管具有轻度扩张作用,因此服用硝酸酯类药物者禁止使用PDE5i;伴随有心血管危险因素的阳痿患者禁止使用PDE5i。

(2)盐酸阿朴吗啡含片:阿朴吗啡对轻度到中度阳痿以及精神因素导致的阳痿患者有一定疗效,主要不良反应有恶心、头晕、出汗、嗜睡、打哈欠等,极少数情况下发生晕厥。

(3)睾酮补充疗法:睾酮水平较低的阳痿患者,如排除其他内分泌性睾丸功能衰退,采用雄激素补充或与PDE5i合用有一定效果。但对于前列腺癌或怀疑前列腺癌的患者,禁忌应用雄激素补充疗法。因此,在补充雄激素前,应常规进行前列腺直肠指检(DRE)和前列腺特异抗原(PSA)测定,以及肝功能检测。接受睾酮补充治疗的患者应定期进行肝功能、前列腺癌指标的检测。

3. 真空负压勃起装置与缩窄环

真空负压勃起装置与缩窄环适用于不想采用药物治疗或有药物治疗禁忌的患者,通常临床有效率在60%左右。

4. 阴茎海绵体内药物注射疗法

当药物治疗无效或有明显不良反应时,也可以采用阴茎海绵体内药物注射疗法。

5. 阴茎假体植入

阴茎假体植入有单件套可屈性起勃器和两件套、三件套可膨胀性起勃器。通过手术在阴茎海绵体内植入阴茎起勃器，辅助阴茎勃起完成性交，是一种半永久性治疗方法。手术适应证为各种方法治疗无效的重度器质性阳痿患者，患者需全身情况良好，无会阴、外生殖器及全身急慢性感染，精神心理状态稳定的自愿要求接受手术治疗的患者。

6.血管手术

血管手术包括阴茎动脉重建术及阴茎静脉结扎手术，适用于通过详细特殊检查，明确诊断为动脉性或静脉性阳痿的患者。血管手术治疗阳痿的远期效果有待进一步提高。

7.伴有心血管危险因素阳痿患者的治疗

阳痿虽然不威胁生命，但会显著影响生活质量，而且相当一部分阳痿患者合并心血管疾病。由于性活动是一种兴奋性的体力活动，一些心血管疾病患者可能不宜进行，故心血管疾病患者在治疗阳痿时，应提前经心血管科专家详细、认真评估患者整体心血管功能状况后，再决定是否应该对患者进行阳痿相关处理。

(四)调适

全面了解患者的发病过程，从中寻找诱发原因，积极进行心理辅导，帮助患者消除思想障碍，增强恢复的信心。

六、早泄

(一)概念

早泄指阴茎虽能勃起，但当性交时在阴茎插入阴道前或接触阴道后立即射精，不能进行正常的性交活动。

(二)病因

性交时射精早晚无一定标准，个体差异很大。一个具有正常性功能的人，在不同条件下射精快慢也有较大差别，因此正常人在性交时偶尔出现射精过早，不应视为病理现象。只有经常射精过早，以致不能完成性交过程时，才能视为病理性的。所以不应以性交射精早晚或女方是否达到性高潮来判断是否为早泄。引起早泄的心理性因素很多，主要有：

(1)如许多人因种种原因害怕性交失败、情绪焦虑而陷入早泄；

(2)年轻时惯用手淫自慰者，总以快速达到高潮为目的；

(3)性知识缺乏，仅以满足男性为宗旨；

(4)夫妻不善于默契配合，感情不融恰，对配偶厌恶，有意或无意的施虐意识；

(5)担心性行为有损健康，加剧身体的某些固有疾病；

(6)性交频度过少或长时间性压抑者，以及女方厌恶性交，忧心忡忡，迫于要求快速结束房事等。

目前认为，早泄的病因不只是心理性和阴茎局部性因素，还应考虑泌尿、内分泌及神经等系统的疾病因素。引起早泄的器质性因素正在探讨中，有人认为脊髓系统疾病（如多发性硬化症或脊髓肿瘤）、癫痫发作或大脑皮层器质性病变（如脑血管意外），可引起射精失控。也有报告提示糖尿病、心血管疾病、骨盆骨折、泌尿生殖系统疾病，如尿道炎、前列腺炎、精囊炎以及前列腺增生等，均与早泄相关。

（三）治疗及调适

早泄的治疗应根据发病原因，选择适当的治疗方法。

1.心理治疗

需要夫妻双方协同，尤其妻子参与治疗十分重要。对早泄的心理治疗要取得患者妻子的配合。

2.行为方法指导

性感集中训练疗法，其目的就是通过拥抱、抚摸、按摩等触觉刺激手段来引导患者体验和享受性的快感，克服心理障碍。

案例分析 3-1

王××，男，24 岁，长期手淫，一年来出现尿频、尿急、尿痛、尿不尽感，会阴及小腹部疼痛不适，终末尿带白色分泌物。近 1 个月因劳累后上述症状加重，患者精神紧张，极为痛苦。

思考：

出现以上症状的原因是什么，该如何处理？

第四章　女性生殖系统基础知识及保健

女性生殖系统解剖

学习目的

学习简单的与生殖相关的人体解剖知识和保健知识，了解女性生殖系统的形态结构及功能，为学习其他性相关知识奠定必要的形态学基础，帮助同学们更好地理解女性的一些特殊现象，消除恐惧心理，促进身心健康。引导同学们正确认识自己身体的奥秘，了解身体自然变化的本质。

第一节　女性天生与男性不同

人类性别遗传是由细胞内存在的46条染色体中的两条性染色体所决定的，每个卵子中都包含一条X染色体，不含Y染色体，每个精子中可含有一条X染色体或一条Y染色体。当卵子与精子互相结合时，性染色体也随之结合，从而组合成一套人类完整的基因，这时就已经决定了出生后是男性还是女性。正常男性性染色体的核型为46，XY；正常女性性染色体的核型为46，XX。在基因的调控下，经过10个月的孕育，性别的雏形便会在出生时表现出来。再经过婴幼儿期及青春期大约18年的发育，个体性生理功能才能达到完全的成熟。在医学上，性别便是生理上的男性和女性，性别的主要标志是性腺，性腺为睾丸的人，性别为男性，性腺为卵巢的人，性别为女性。

一、女性与男性不同的那些器官和功能

男性与女性在身体上最明显的不同是生殖器官。女性生殖器官主要由两方面组成，一是外生殖器，二是内生殖器，两者之间的分隔为处女膜。外生殖器又称外阴，是指

女性生殖器官的外层表露部分，涵盖了从耻骨连接到会阴之间的两股内侧组织。阴阜、大阴唇、小阴唇、阴蒂、阴道前庭都属于外阴。女性内生殖器包括阴道、子宫、输卵管和卵巢，后两者统称为子宫附件。

（一）女性外生殖器及功能

女性外生殖器的构造如图 4-1、图 4-2 所示。

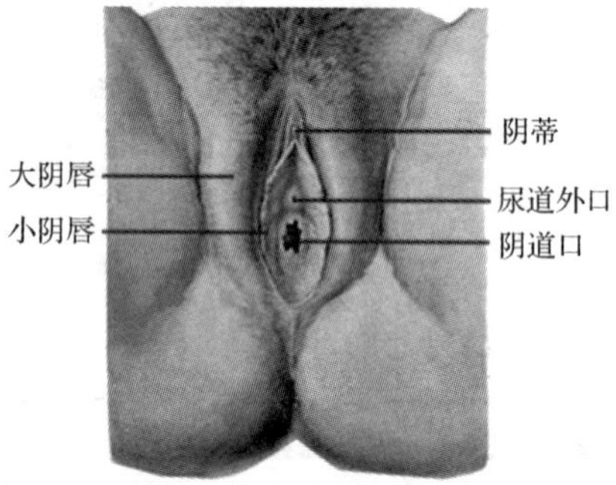

图 4-1　女性外生殖器

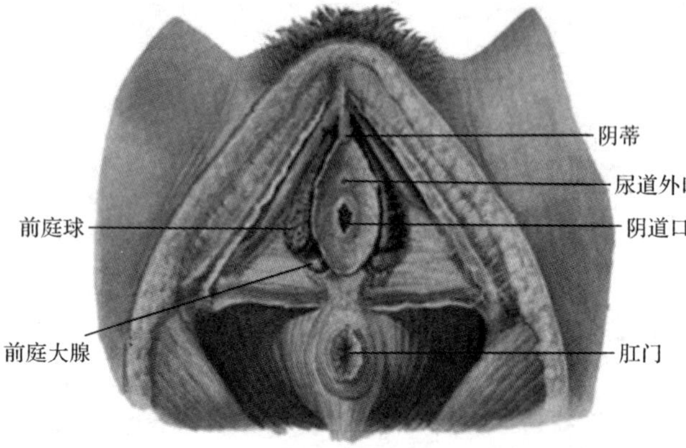

图 4-2　阴蒂、前庭球及前庭大腺

阴阜：指的是耻骨联合前丰满突出的部位，皮下脂肪稍厚。阴阜具有丰富的神经末梢，对触觉刺激的敏感度颇高。青春期前，阴阜表面是光滑的，青春期时，此部位始见凸起状态，且阴毛的生长分布呈倒三角形。阴毛不仅具有减少摩擦，保护皮肤的作用，还可以帮助散发汗液。阴毛的颜色、疏密，因人而异。

大阴唇：指的是一对大的皮肤皱襞，内含大量脂肪、汗腺、神经末梢和血管。未经产妇的大阴唇在外阴中线关闭，覆盖小阴唇、阴道口和尿道口，具有保护作用。

小阴唇：指的是大阴唇内侧的一对皮肤皱襞，含脂肪少，富有弹性。小阴唇包裹并环绕着阴道前庭，阴道口、尿道口和前庭大腺全部在这个位置开口。

阴蒂：位于大阴唇的前会合点和小阴唇前端正中之间，被阴蒂包皮包绕。阴蒂的感觉神经末梢很丰富，因此触觉敏感度极高。

阴道前庭：是指包括前庭球、前庭大腺、尿道外口、阴道口及处女膜在内的区域，呈菱形分布。

前庭大腺：位于阴道口两侧的大阴唇深部，开口于小阴唇后部内侧面，分泌黏液润滑阴道。在正常情况下，该腺是无法触及的，如果发生感染或腺管堵塞的情况，可能会引发脓肿或囊肿。

处女膜：这是一层结缔组织薄膜，环沿并部分覆盖阴道口。形状、大小和厚薄因人而异（图 4-3）。初次性交可导致处女膜破裂伴少量出血，然而，剧烈运动（如体育锻炼、骑自行车等）也有可能会破坏处女膜。

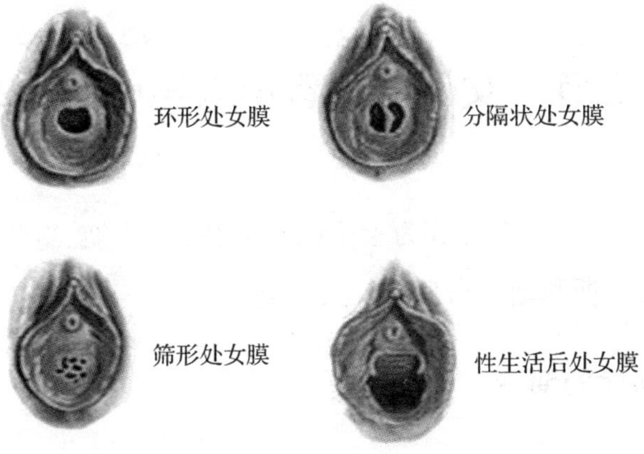

图 4-3 处女膜的形状

(二)女性内生殖器

女性内生殖器的构造如图 4-4、图 4-5 所示。

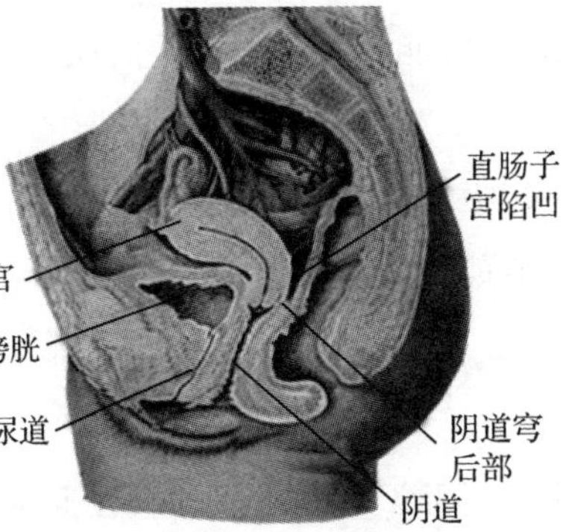

图 4-4 女性骨盆正中矢状切面

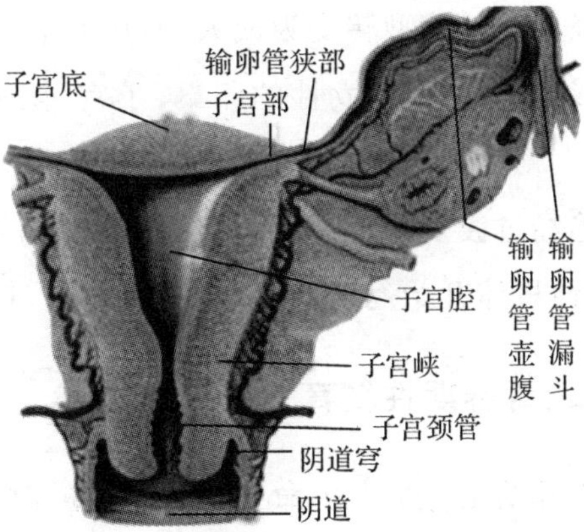

图 4-5 子宫冠状切面

卵巢:呈扁卵圆形,成对位于子宫两侧。卵巢是女性的主要性器官,它的作用是产生卵子和分泌性激素,主要是雌激素与黄体酮。出生时,卵巢含有数以百万计的原始卵泡,卵泡从青春期后开始成熟,一般每月排一次卵,一直持续到绝经期。

输卵管:是一对弯曲的喇叭状肌性管道,内侧与子宫腔相连,外侧游离,与卵巢靠近。输卵管的漏斗部,能抓取从卵巢中排出的卵子,并通过收缩和管内纤毛的摆动,将卵子向子宫方向推进。受精是在输卵管壶腹部完成的,然后受精卵由输卵管纤毛摆动送往子宫,并在子宫着床。如果受精卵就地植入输卵管内膜,就会形成异位妊娠。

子宫:是一个中空的倒置梨状肌性器官,位于骨盆中央。子宫为受精卵(胚胎、胎儿)发育提供了场所,妊娠期能显著伸展。子宫内膜随着卵巢分泌性激素的周期性改变而发生周期性变化,并有规律地脱落,从而形成月经周期。

阴道:是个前后扁平具有扩张性的肌性管腔。阴道是月经排泄和胎儿娩出的渠道。阴道分泌黏液以保持湿润,分泌液中混杂着阴道壁脱落细胞,从而形成白带。

第二节　女性的青春期与男性不一样

根据生理特点，女性的一生可分为七个生理阶段：胎儿期、新生儿期、儿童期、青春期、性成熟期、绝经过渡期和绝经后期。

一、女性生殖功能的演变

胎儿期：生殖系统及性腺分化发育。

新生儿期及儿童期：女性生殖器官处于幼稚型。

青春期：促性腺激素和卵巢性激素水平显著上升，女性生殖器官开始发育。生殖器官的发展从幼稚型转变为成人型，历经数年。

成年期：此时期女性的卵巢、子宫、阴道等性器官功能旺盛，性生活活跃，生育能力强，是女性性成熟期。

绝经过渡期和绝经后期：从这一时期开始，卵巢功能开始衰退，不足以维持第二性征，女性机体开始逐渐老化，性器官萎缩，整个机体呈现老年状态。

二、青春期性发育

青春期是一个人生命中至关重要的时期，是儿童过渡到成人的时期，在此期间女性在内分泌激素的作用下生殖器官开始发育，体格由女童型向成熟女性发展，女孩会形成较大的心理变化，出现性意识，情绪、智力、想象力及判断力都会向成人化发展。世界卫生组织（WHO）将青春期的范围界定在10～20岁。女孩青春期的开始以及结束时间，一般要比男孩提前2年左右。另外，青春期的初始年龄和终止年龄存在明显的个体差异性，相差大概在2～5岁。

女性在进入青春期后，将会出现第一性征变化和第二性征变化。首先，第一性征变化指的是生殖器官的变化，包括卵巢的增大，卵泡开始发育，雌激素分泌，阴阜隆起，大小阴唇变肥变厚，色素逐渐沉着，阴道的长度、宽度及容纳度逐渐变大，子宫开始向成熟型发展。然后，第二性征变化表现为乳房隆起，开始长出阴毛和腋毛并呈现女性特有的分布，声音音调明显上升，骨盆横径发育大于前后径，胸、肩部皮下脂肪增多等。

三、性成熟

女性性成熟期又称生育期，一般自18岁左右开始。这一时期，女性的性功能和生殖功能相对旺盛，一般持续 30 年左右。性成熟的标志是月经初潮，月经初潮一般晚于乳房的发育 2.5 年左右，可经 5～7 年形成规律的月经周期。因此，月经来潮的刚开始几年，月经周期的规律性不明显。

四、青春期女孩发育的顺序

青春期按照顺序先后经历乳房萌发、肾上腺功能初现、生长加速、月经初潮四个不同阶段，各阶段有重叠。

9～10 岁：骨盆开始增宽，乳晕突起，呈芽状。

10～11 岁：乳腺开始发育。

11～12 岁：阴毛生长，阴道黏膜出现变化。

12～13 岁：乳房显著增长。

13～14 岁：腋毛、月经初潮出现。

14～15 岁：骨盆明显加宽，月经渐趋规律。

16～17 岁：月经有规律并排卵，骨骺闭合，停止长高，向成熟型过渡。

第三节　伴随女性一生的性激素及其作用

人的一生都离不开性激素。当我们还是受精卵的时候，母体内的性激素就已经在为我们的成长提供舒适的环境。胎儿时期，我们的肝脏、母体胎盘及母体共同完成激素的合成，各种性激素相互作用维持母体的孕育状态，保护着我们不被母体排异。出生以后，我们的性激素处于低水平状态，性轴系统的功能发挥是不成熟的、被抑制的，整个机体都处于孩童状态。进入青春期后，性轴系统的抑制状态解除，体内性激素浓度逐渐升高，刺激各靶器官发育。随着性器官的发育和第二性征的出现，女性的体态变得更为柔美，皮肤变嫩腻，声音变尖，出现月经周期，孕育功能逐渐成熟，此时受到性激素的影响，我们整体看起来更有魅力。步入绝经期后，我们的机体开始逐渐老化，性激素水平下降，不足以维持女性第二性征，生殖器官也随之老化。

女性的外在形态与内在表现，与性激素有着密切的关系。女性性激素中占据重要地位的主要是两种：雌激素和孕激素。雌激素的合成，是以雄激素为基础的，它具有刺激性器官发育、促进性成熟的功能；雌激素刺激女性出现第二性征，维持正常的性欲、孕育及月经周期的形成。孕激素是通过卵巢的黄体细胞分泌的，主要是孕酮（黄体酮）。孕激素的效用发挥通常建立在雌激素的作用基础上。其主要生理功能是：抑制排卵，促进子宫内膜分泌，帮助受精卵的植入，并降低子宫肌肉的兴奋性，确保妊娠的安全进行；有益于乳腺腺泡的生长，为分泌乳汁做好准备；使体温升高并使血管和消化道平滑肌呈放松状态。

第四节 女性常见生殖健康问题及保健
——“大姨妈”的那些事

女性生殖健康问题及保健(一)

案例分析 4-1

潇潇(化名)正处于青春花样年华，可是整个人看起来总是没有精气神儿，就像蔫了的花一样，原来自从半年前开始，她就总是痛经，每当月经来临的前两天和月经期间就会感到下腹隐痛，刚开始还能忍受，后来腹痛加剧，痉挛，且肛门也感觉坠痛，经常痛到脸色苍白、四肢发冷、身上冒冷汗。曾去医院看了三次急诊，也经常吃一些补血的东西，每次都敷热水袋，可就是不见效，每个月还是一如既往的痛，这严重影响了她的健康和学习。

一、月经

(一)月经及经期表现

女性与男性一个明显的区别就是女性有月经。月经是指子宫内膜周期性地自然脱落，伴随出血从阴道排出体外的过程。月经周期固定，月经规律是性成熟的表现。月经第一次来潮被叫作初潮，初潮年龄一般在 13～15 岁，健康的少女也可能在 11～12 岁提前来初潮，也有 17～18 岁初潮才缓缓而至。从月经来潮的第一天开始计算，直至下一次月经来潮的第一天，这便是一个完整的月经周期。一般情况下，女性的月经周期为 28±7 天，凡是月经规律者，皆可视作正常范围。正常经期的持续时间约为 3～7 天，平均 5 天。经量的正常值通常是 20～60ml，一般在行经的第 2～3 天经血量处于高峰值。经血色红、黏稠，其含有一种纤溶酶原激活物使经血呈不凝状态。月经期间，身体一般不会发生明显的不适症状。有的女性也许会伴随腰部酸痛、下腹部坠胀等现象，同时可能出现腹泻或便秘的情况，这无须过度担心，因为这是经期盆腔充血以及前列腺素作用所致。在月经期间，女性体内的激素水平会有所波动，并且大脑皮层功能不平衡，引发了轻度至重度不同程度的全身性反应，如眩晕、头痛、乏力、困倦、急躁、情绪激动以及乳房肿胀等。不过，上述情形通常比较轻微，学习和工作一般不会受到严重影响。

(二)月经周期的形成

月经的形成是由于卵巢产生性激素促使子宫内膜增生脱落，然而此种有规律的周期性变化，绝非卵巢独立完成的，而是在下丘脑-腺垂体-卵巢-子宫这一性轴的周期性作用下完成的。女性体内性激素水平的起伏变化，是在下丘脑、腺垂体以及卵巢的共同调节作用下实现平衡的，从而形成月经，一旦这一性轴中的任何一个环节出现问题，女性的月经都将失去平衡，出现月经失调。

在月经周期中，卵巢的周期性活动使子宫内膜发生周期性变化。月经周期有3个阶段，分别是增殖期、分泌期、月经期(图4-6)。

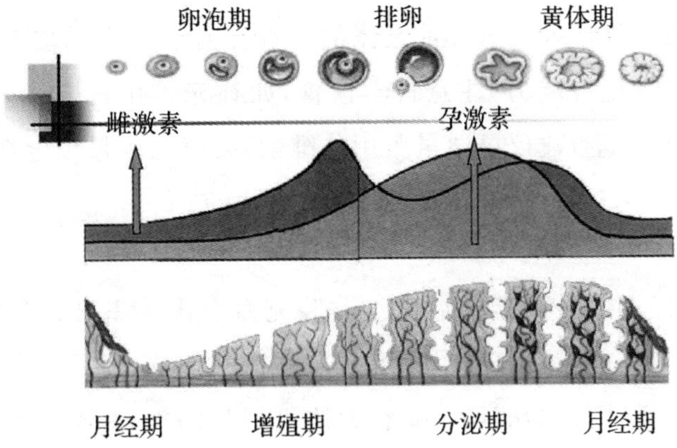

图4-6　月经周期

以一个28天的正常月经周期为例。

月经期是月经周期的第1～4天，在这段时间内，子宫内膜因为受到雌激素和孕激素的作用，组织缺血坏死，从子宫壁脱落，和经血一同通过阴道排出体外。随着经血的排出，子宫内膜在下丘脑-腺垂体-卵巢-子宫轴的调节下，内膜表面上皮、腺体、间质、血管再次开始新的增生，称为增殖期，一般是指月经周期第5～14天。月经周期的第15～28天为分泌期，这一时期子宫内膜变厚变松软，营养物质充沛，为受精卵的着床发育提供场所。如果子宫壁没有接收到受精卵，那么子宫内膜便会从基底层崩解脱落，形成月经，即我们所说的月经期。

(三)月经期的卫生保健

女性一生约有30年的时间处于月经周期中，占人生三分之一的时间。月经期因为盆腔充血，经血外流，抵抗力降低，情绪起伏较大，如果不重视卫生保健，妇科疾病也会随之而来。血液是细菌优质培养场所，因此，在行经期间，我们要保持外阴清洁，切忌盆浴、游泳、性交、阴道检查及用药，以免发生宫腔感染的不良后果。经期的女性抵抗力降低，特别要注意保暖，防止着凉，适当控制运动量，避免过于剧烈的运动，养成乐观平和的良好心态，避免生气动怒，这有助于缓解盆腔充血带来的不适感。月经周期作为女性的一种正常生理周期，不宜随意用药物改变，与此同时，经期也应当重视饮食安全，加强营养等。

二、经前紧张综合征

经前紧张综合征是指在月经来临前的一段时间内，有的女性会出现诸多不适症状，如情绪波动大、精神压力大、容易伤心动气、性子急躁不安，或不愿与人交往爱独处、睡眠质量差、难以专注一件事、乳房肿胀感强等，月经来潮后症状迅速消失。经前紧张多发生在未婚女性身上，这与性激素水平变化有关。经前紧张症状比较轻微者，不必对此有顾虑和精神负担，一般无须治疗。有经前紧张的女性在月经来潮前要有心理上的准备，日常注意锻炼身体，加强抵抗能力，注意科学饮食，如补充维生素 B_6、维生素 A、维生素 E 及矿物质等。若情形严重，建议可适量服用谷维素，或服用少量镇定剂。

三、痛经

不少女性在月经期或月经期前后由于盆腔充血会出现下腹部轻度垂胀感，这属于正常生理现象。若症状严重，出现腰痛、下腹部痉挛性疼痛，并伴有全身不适，从而影响学习、工作和日常生活，则称为痛经。痛经大体可划为两类，一类是原发性痛经，另一类是继发性痛经。前者也被命名为功能性痛经，是指生殖器官无器质性病变者。继发性痛经是指因生殖器官器质性病变所引起的痛经。引起继发性痛经的常见疾病有子宫内膜异位症、急慢性盆腔炎和子宫颈狭窄阻塞等。

青春期女性痛经大多数是功能性的，与体质和精神因素有关。功能性痛经常见于月经初潮刚刚来临的女性、尚未结婚的女性、尚未孕育的年轻女性群体。未婚痛经在很大程度上是由于宫颈管狭窄，很多人在流产或分娩后宫颈扩张，症状得以缓解。疼痛可于月经来潮前数小时出现，月经开始时疼痛逐步或迅速加剧，可持续数小时至 2～3 日，经血排净后，疼痛慢慢减弱直至消失。疼痛多发生于下腹部，严重者可放射至腰骶部或股内前侧，有时会同时引发反胃、恶心、头晕、拉肚子、呕吐等，甚至出现脸色苍白、四肢冰凉、昏厥等。

对于痛经，要重视心理治疗，经期的轻度不适是生理反应，消除紧张和顾虑有助于缓解疼痛。疼痛反应较强时，可服用阿司匹林、芬必得、双氯芬酸等药物，以减轻或消除痛经。要积极寻找引起痛经的原因，根据痛经的原因再开展对症治疗，也可使用性激素治疗。

痛经的预防与经前期紧张相仿，要做好心理准备，平时加强体育锻炼，可以适当补充维生素 B_6、维生素 A、维生素 E 等。经期内的运动强度尽量不要太大，也不要劳累过度，防止受凉。症状出现时，首先要消除紧张，躺下休息，可用热水袋等热敷下腹部，必要时可服用止痛剂。痛经反复发作、症状严重者，应去医院检查，以排除器质性原因。

案例分析 4-2

小红（化名）距第一次月经来潮已经两年，但月经周期非常不规律，有的时候是一个月来一次，有的时候长达三五个月才来一次。刚开始小红并没有注意，但渐渐发现身边朋友们的经期都很规律，而自己的情况不容乐观，每到期末考试或有重大压力时，甚至会出现月经不来的情况，短则两个月，长则半年。她开始担心，反复求医就诊，但相关检查结果都没有发现异常。月经不规律的现象一直困扰着她，甚至让她怀疑自己的生育能力，也不敢告诉别人，害怕影响自己找男朋友。

四、闭经

闭经是许多妇科疾病的共同常见症状，是由下丘脑-腺垂体-卵巢-子宫轴中的某一环节发生功能或器质性病变引起。按照引发闭经的病变部位划分，主要有子宫性、卵巢性、垂体性和下丘脑性闭经四类。按照闭经发生时间来划分，可分为两种，即原发性闭经和继发性闭经。前者是指妇女年满 18 周岁月经尚未来潮，此种类型约占闭经总数的 5%，一般是由先天发育异常所致的；后者是指月经已经来潮，而出现连续 6 个月月经不来者，该类型约占 95%，病因各异。

1. 子宫性闭经

子宫性闭经是指闭经的原因在于子宫。子宫性闭经情况下，月经调节功能正常，卵巢功能能发挥，但子宫内膜对卵巢无法产生正常的反应。引起子宫性闭经的常见疾病有子宫内膜损伤或粘连综合征、子宫内膜炎、子宫发育不全或缺如、子宫切除后或子宫腔内放射治疗后。

2. 卵巢性闭经

卵巢性闭经是指闭经的原因在于卵巢，卵巢性激素水平过低，子宫内膜无法发生周期性变化。引发卵巢性闭经的常见疾病见于先天性卵巢发育不全或缺如、卵巢功能早衰、卵巢切除或组织被破坏、卵巢功能性肿瘤。

3. 垂体性闭经

垂体性闭经是指病变发生在垂体，垂体前叶的器质性疾病或功能失调影响促性腺激素的分泌。引发该情形闭经的主要疾病常见于垂体前叶功能减退、垂体肿瘤。

4.下丘脑性闭经

下丘脑性闭经是一种最常见的闭经情形，因为下丘脑功能无法正常运行而对垂体产生影响，接着又进一步影响卵巢致使闭经。此类闭经的原因较复杂，一般是中枢神经器质性病变、全身性重大疾病、精神层面的受伤、药物的服用和其他分泌功能出现异常导致的。

(1)应激性闭经：如患者精神上遭受了巨大的打击、生活环境发生了明显变化等，可引起内源性阿片类物质、多巴胺和促肾上腺皮质激素(ACTH)释放激素水平应激性升高，致使下丘脑促性腺激素释放激素(GnRH)的分泌减少。

(2)运动性闭经：多在持续剧烈运动后出现。它关联到闭经者的心理、应激反应程度及体脂下降等情况。在体重减轻10%～15%或体脂丢失30%的情况下，很有可能出现闭经。

(3)神经性厌食所致闭经：过度节食，能量摄入过低，使得人体消瘦、低血压等，从而抑制下丘脑多种神经内分泌激素的分泌而引起闭经。

(4)营养相关性闭经：主要是由于营养摄入不足或不均衡，使人体重下降，过于消瘦，机体功能受到严重抑制而引起的闭经。常见于慢性消耗性疾病、肠道或消化道疾病、胃部疾病等。

如果出现闭经的症状，第一步是找到闭经的源头所在，即下丘脑-腺垂体-卵巢-子宫轴究竟是哪处出现了异常；第二步是核查并确定引发该异常的原因是什么。通过询问病史、体格检查、子宫功能检查了解子宫、子宫内膜及其功能。常用的检查方法有B超、诊断性刮宫及子宫内膜组织检查、子宫、输卵管碘油造影术、内镜检查、药物性试验等。此外，还可以通过卵巢功能检查、垂体功能检查了解卵巢及垂体情况，进一步查找闭经的原因。闭经的治疗首先要做的是检查全身健康情况，积极寻找病因。临床上还有通过性激素替代疗法、诱发排卵来治疗闭经。

第五节　女性常见生殖健康问题及保健
——私密处的那些事

女性生殖健康
问题及保健(二)

案例分析 4-3

31 岁的张女士近来总是很沮丧。朋友出于关心询问:“是不是生病了?”张女士支支吾吾也不好意思说出实情,大家误以为她身体不适,所以送了很多营养品。而事实上是张女士的“三角区”发生了不便言说的疾患,不仅白带增多,呈现乳白色,而且外阴瘙痒、灼烧等难以忍受,特别是在工作中,奇怪的瘙痒无法忍受,心情也低落到冰点,脾气越来越令人捉摸不透。

一、阴道与白带

阴道是性交器官,也是经血排出和胎儿娩出的通道。除此之外,阴道还是重要的天然屏障,可以阻止细菌及各种微生物进入体内,保护我们的身体。

女性外阴两侧的小阴唇经常是闭合的,阴道的前后壁紧密相连,这是阴道的第一道天然防御屏障——解剖屏障。由于正常细菌的作用,阴道的 pH 值保持在 3.8～4.4。因此,大多数适合在碱性环境中生存的致病菌不能在这里生长和繁殖,这就形成了阴道的第二道天然防御屏障——化学屏障。阴道的酸性环境和子宫颈管内碱性的黏液塞构成了女性双重防炎屏障,让一般的细菌无法进入。阴道的第三道天然防御屏障是免疫屏障,其主要成分是白带。阴道内各种腺体会产生液体,能发挥湿润、清洁、顺滑的作用。白带是由阴道黏膜渗出物、宫颈腺体及子宫内膜的分泌物混合而成的,内含阴道上皮脱落细胞、白细胞、糖、乳酸、阴道杆菌等。白带与月经都是女性特有的一种正常生理表现。在卵巢周期的作用下,白带的质与量随着月经周期发生改变。在月经后期经血排净后,白带量少、色白,呈糊状。在月经中期卵巢将要开始排卵时,由于宫颈腺体分泌旺盛,白带增多,透明,可拉丝,微黏似蛋清状。在排卵期的第 2～3 天,白带量少,变混浊,黏稠。在行经前后会出现盆腔充血,阴道黏膜渗出物增多,与此同时,白带的量也随之增多。由于白带的存在,外来病原体不能在阴道内存活,从而保证阴道的安全,即阴道自我清洁,医学上称为阴道自洁作用。实际上,这种自我清洁功能很大程度上得益于阴道内大量的有益菌——阴道杆菌，这种细菌能将阴道壁角化上皮细胞中的糖原转化为乳酸，进而抑制有害细菌侵入阴道。

二、难言之隐——阴道瘙痒

当人体免疫力低下、内分泌激素水平发生变化，特别是在女性的特殊时期，如经期、妊娠期、绝经后，或外来因素如组织损伤、频繁性交、长期应用抗生素，破坏了阴道的自然防御功能时，阴道内 pH 值增高，这些常住的菌群生态平衡被打破，或其他病原体侵入，冲破阴道屏障而引起感染，导致阴道炎症。如果白带的量过多，且呈黄色、脓性、甚至是血性等改变时，那么此类情形可归为病理性范畴。阴道瘙痒是由阴道的各种病理变化引起的一种症状，但也可发生在阴道完全正常的患者身上。瘙痒加重时，患者常烦躁不安，从而影响生活和工作。

外阴瘙痒、白带增多是阴道炎的常见表现，在临床上，阴道炎症根据入侵微生物的不同可分为外阴阴道假丝酵母菌病、滴虫性阴道炎、细菌性阴道炎、萎缩性阴道炎。其中以外阴阴道假丝酵母菌病、滴虫性阴道炎较常见。

（一）外阴阴道假丝酵母菌病

外阴阴道假丝酵母菌病曾称白色念珠菌性阴道炎，是一种常见的妇科疾病，是由一种叫作假丝酵母菌的真菌感染引起的生殖器疾病。假丝酵母菌属机会致病菌，10％～20％的健康妇女及 30％的孕妇阴道中就有这种菌寄生，在一些特殊情况下，例如长期使用抗生素、妊娠及糖尿病时，机体免疫力下降等可以使假丝酵母菌大量繁殖而引起感染。本病主要为内源性传染，带来白带量增多，阴部瘙痒难耐等症状。此病也可通过性生活传播，所以世界卫生组织把此病归为性传播疾病之一。当女性与此菌培养阳性的男性有性接触时，其被感染率为 80％；与患有外阴阴道假丝酵母菌病的妇女有性接触的男性中，大概有 50％的人会被感染。极少数个体通过接触公共设施及感染衣物而间接传染。由于外阴阴道假丝酵母菌病可以通过性行为传播，因此女方患病时，建议其配偶也要同时接受治疗。

(1)临床表现：白带增多，色白，黄水样或脓样，伴有白色凝乳样或豆腐渣样物，微臭，或带下夹有血丝。伴随有外阴及阴道刺激症状，主要表现为剧烈瘙痒，程度由轻微到严重不能忍受，有烧灼感，殃及睡眠质量和日常生活、工作，患者往往会按捺不住去抓挠，从而致使外阴肿胀、潮红，甚至红肿、溃烂。

(2)诊断：除典型症状、体征外，实验室检查是必不可少的。一般做分泌物的直接镜检就可以明确诊断，有条件的也可做假丝酵母菌的培养，能更明确诊断。在显微镜下，若见到假丝酵母菌的孢子和菌丝就可诊断。

(3)治疗：积极消除诱因，性伴侣同治，注意随访。勤换内裤，用过的内裤、盆及毛巾均应用开水烫洗。可口服氟康唑：一般口服 150mg，1 次即可生效。也可局部用药：克霉唑栓剂，纳入阴道的剂量每次 500mg，每日 1 次，一般用药 1 次即可，必要时可 4 天后进行第二次治疗。

(4)对患者建议：轻柔地清洗生殖器部位，每天 2～3 次，可以缓解症状。淋浴后将生殖器彻底擦干。穿宽松舒适的棉质内衣，避免穿连裤袜、紧身牛仔裤和紧身内衣。不要使用卫生棉条。治疗期间避免性交，不要进行泡泡浴。注意及时就医，早诊断，早治疗。

案例分析 4-4

小黄(化名)，24 岁，白领，在一次出差回来后发现自己下身总是很痒，想抓挠。虽然天天清洗外阴，但总是能够闻到酸臭的味道。这让小黄变得情绪低落，无心工作，并出现性欲下降。于是去妇科门诊就诊，被查出是滴虫性阴道炎。在专家的指导下，小黄也进行了贴身衣物的消毒清洗工作，老公也同时进行服药治疗。经过一周的正规治疗，小黄的症状消失，又恢复了往日的正常生活。

(二)滴虫性阴道炎

以人体为寄生场所的毛滴虫，主要有寄生于泌尿生殖系统的阴道毛滴虫、寄生于肠道的人毛滴虫、寄生于口腔的口腔毛滴虫。滴虫性阴道炎的病原微生物是阴道毛滴虫，可通过性交传播，此外，公共浴池、浴盆、浴巾、游泳池、坐式便器、衣物等也是传播途径。

(1)临床表现：表现为白带增多，稀薄，呈泡沫性、有恶臭味的脓性绿色分泌物。75%的患者有阴道红斑，90%的患者在阴道窥镜下可见毛细血管出血或点状出血所致的“草莓状”宫颈。外阴有烧灼感和奇痒，犹如虫子爬，并可引起性交疼痛。

(2)诊断：结合症状和体征不难诊断，查到阴道毛滴虫方能确诊。采集阴道分泌液后，使用悬滴法进行检查，在镜下能够找到活动的滴虫，在染色涂片中也能找到滴虫。必要时可进行实验室细菌培养以确诊。

(3)治疗：需全身用药，性伴侣同治。主要的治疗药物为甲硝唑及替硝唑。口服甲硝唑或替硝唑 2g，单次口服。治疗期间，一定要保持局部清洁，如内裤和接触外阴的用具要用沸水消毒，避免再次感染。由于患者再感染率很高，可考虑在初感染 3 个月后重新进行筛查。

(4)对患者建议：注意卫生，性伴侣必须同时治疗。性生活时，男性伴侣要戴避孕套。

(三)女性外阴保健

清洁阴部的原则：保护女性生殖道的天然屏障，避免打乱阴道内的生态平衡，避免给外界的病原体进入阴道的机会。需注意以下几点：

(1)准备个人专用清洁用具,如脸盆、毛巾等。

(2)使用温清水即可,避免使用洗液,以防影响阴道的酸碱度。因为阴道有一个酸性的环境,寄生了很多有益于女性的菌群,如果清洗不当,容易破坏天然屏障。

(3)大便后要用手纸揩拭干净,手法建议是由前向后,尽量养成用温水清洗或冲洗肛门的习惯。

(4)月经期间,要用温水勤洗外阴,勤换卫生巾,否则潮湿的阴部环境及经血会成为细菌的培养基。

(5)不宜使用碱性过强的肥皂或高锰酸钾等化学物质清洗阴道,否则会改变阴道本身的酸碱环境。

生殖道感染是许多妇女面临的一种疾病,它不仅会对患者造成身体伤害,而且阴部的瘙痒、难闻的气味及夫妻性生活时的痛苦,给患者带来的是更大的心理伤害。主动学习并掌握正确的卫生健康知识,日常注意预防疾病的发生,才是远离痛苦的治本之道。

第六节　女性之美——乳房

乳房保健

案例分析 4-5

小美(化名)原本是一名活泼可爱的大二学生。进入大三后,她开始关注自己的外在形象,开始学习化妆打扮。她乳房较小,为了更好地展示女性的魅力,她尝试买各种带有隆胸、聚胸功能的文胸,尽量通过服饰来掩盖她胸型的缺陷。渐渐地,服饰已经满足不了她对美的追求,于是,她去做了假体隆胸。隆胸后的一段时间,她经常发烧,乳房胀痛不适,症状反复出现,最后被认为是植入物性炎症,无奈取出假体。自此小美不仅美胸愿望破灭,她的哺乳功能也受到了影响。小美为此后悔极了。

乳房是女性不同于男性的第二性征之一,位于胸大肌上,通常是从第二肋骨延伸到第六肋骨的范围,内侧范围可到胸骨旁线,外侧范围可达腋中线。

一、乳房的构造

乳房由皮肤、纤维组织、脂肪组织和乳腺组成(图 4-7)。成年女性乳腺有 15～20 个乳腺叶,它的主要作用是分泌乳汁,并发挥着彰显女性独有特征的功能。乳腺叶由数量很多的乳腺小叶组成，很多腺泡充斥在乳腺小叶中。脂肪组织覆盖整个乳腺(除乳晕外)，如果脂肪组织层厚，乳房就大，否则就小。乳房纤维组织中有许多纤维束，连接胸部浅筋和胸肌筋膜，形成韧带，起支撑和固定乳房的作用。乳房含有丰富的血管和神经，血管和淋巴管主要有提供营养和排出代谢物的功能。

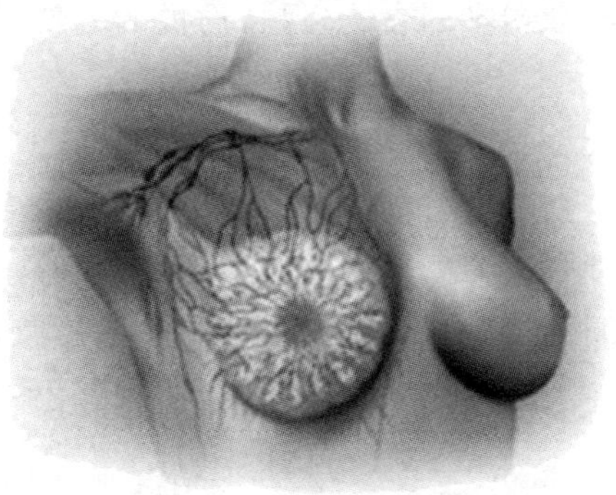
图 4-7 乳房的构造

乳房是女性重要的第二性征，女性往往对自己的乳房大小、形态和功能比较关注。

女性大学生最常见的性心理困惑是乳房过小问题。乳房的大小因人而异，它在发育过程中受到很多因素的影响，遗传、种族、激素水平、营养状况等诸多方面都会影响乳房的大小。

乳房过小通常属于生理性差异，多表现为乳房明显偏小，胸部平坦似男性。如果生殖器及其他性征(如阴毛、腋毛等)发育未出现异常，月经也正常，那么不必太在意。乳房偏小一般不影响泌乳功能，泌乳功能主要与催乳素的多少紧密相关。对乳房过小的矫治方法有增加蛋白类食物摄入，做俯卧撑、游泳等加强胸部肌肉锻炼，胸部按摩等。而手术填充有损乳房功能，实属下策。

案例分析 4-6

30 岁的小佟在外企里负责客户拓展业务，3 个月前经检查发现，左侧乳房有 4 个纤维瘤，尽管确诊为良性，但小佟心里仍惴惴不安。专家提醒，乳腺纤维瘤的发病原因仍然不明确，但与郁闷心情有关，因而我们很有必要保持健康的心态。

二、常见的乳房疾病

(一)乳腺囊性增生病

乳腺囊性增生病又称乳腺小叶增生症，临床以乳腺肿块、乳腺胀痛为基本表现，大约 80%的患者有乳房疼痛的症状。乳腺囊性增生病单个或多个结节，大小不等，质地韧，与周围分界不清，亦可表现为弥漫性增厚，常伴有胀痛，局部可以有轻度到中度的触痛，与月经周期有一定的相关性，尤其在月经前、疲劳或愤怒情绪波动后，肿块增大，疼痛加重，但经后肿块明显减小，疼痛减轻。在药物对症治疗之后，会有不同程度的好转。有乳腺囊性增生病的患者应避免穿着较紧身的衣服，使用正确的乳罩支撑，控制体重，拒绝含咖啡因食物，保持愉悦的心情。

（二）乳房纤维腺瘤

乳房纤维腺瘤通常单发，多发生于年龄较小的女性，月经停经者病例较少。乳房纤维腺瘤的形成因素有很多，如卵巢功能太旺盛。此外，与之密切联系的还有机体和乳房局部组织对雌激素过度刺激的敏感性，若是在雌激素水平过高的情况下，乳腺组织相应地会产生局部反应，从而引发乳房纤维腺瘤。乳房纤维腺瘤肿块的初期特点是较小，为1～3cm，生长缓慢，一般情况下无明显症状，大多无疼痛或触痛，偶尔会伴随轻微触痛，常常在不自觉、无意识的状态下发现，很多人是在沐浴时被触碰到，肿瘤呈圆形或椭圆形，也可为分叶状、结节状，质地韧，表面光滑，边界清晰，与周围组织无粘连，触及有滑动感，表面皮肤无改变，腋窝淋巴结无肿大。乳房纤维腺瘤是常见的良性肿瘤，极少恶变，发展缓慢，没有症状，不影响生活和工作，可以密切观察，定期复诊。观察过程中，如乳房自查或去医院检查，发现乳房纤维腺瘤有增大倾向，或彩超检查原显示肿块内无血流信号而现可见大量血流信号，应手术切除。

（三）乳腺癌

乳腺癌好发于40～60岁的妇女，但现在有低龄化趋势，在大学生中也有发现。风险因素包括月经初潮过早（12岁以前）或闭经过迟（55岁以后），年龄大于40岁的未孕女性或在35岁以后才第一胎足月分娩的女性，无母乳喂养史，长期激素替代治疗（＞5年），家族里患有乳腺癌的，尤其是母亲或姊妹曾患乳腺癌者，另外，营养过剩、肥胖、脂肪饮食等因素可增加发病机会。

大多数乳腺癌患者存在乳房包块，因这种情形来诊治的患者大概占了80%。与乳腺增生包块的差别是，这种包块一般是单个，外形呈不规则状，质地稍硬，活动度不大，通常没有疼痛感，与月经周期关联度不是很强。通常会呈现乳头湿疹，也就是乳头或乳晕部位的表皮脱屑、糜烂，表现为湿疹样病变，并且病变部位多数没有疼痛感、也没有瘙痒感，久久无法痊愈。如果不是哺乳期女性发现某一侧乳头有乳汁状、液体状往外流出，尤其是血性液体的流出，一定要提高警觉性。在年龄大于50岁的妇女群体中，乳头有血性分泌物且最后确诊为乳腺癌的患者占60%以上。另外，发生在中央区域的乳腺癌会发生乳头回缩、偏位或固定的现象，一旦发现双侧乳头不对称，一定要及时就诊。在临床案例中，乳腺癌的表现之一就是无痛型的乳房肿块，因此没有疼痛感的乳房肿块要格外重视。

尽管医疗技术不断发展，诊断科技也与时俱进，但是医生依然有必要通过双手了解肿块的质地、范围、可动性及位置等。同时结合患者的年龄、家族史、以往病历、肿块特征等，加上一系列辅助检查（如B超、红外线、钼靶成像、细针穿刺活检等），最终方可对患者乳腺肿块做出诊断。此外，日常生活中我们也要加强对乳腺的关注，可以通过“看、触、卧、拧”的策略经常进行自我检查，一来可预防疾病，二来可提前发现异常，迅速介入治疗，避免病情恶化，造成更严重的后果。月经量正常且月经周期规律的妇女，乳腺的最佳检查时段是月经来潮后第9～11天，因为在这个时间段内，雌激素对乳腺的影响最小，乳腺的状态是相对稳定静止的，容易暴露病变。常用的治疗手段一般有手术、化疗、放射线治疗及内分泌治疗。

三、乳房保健

进入青春期后，乳房也进入发育状态，由于性激素的影响，乳头突起，出现乳晕（即乳头周围色素沉着的部分）并逐渐增大，整个乳房向外隆起并慢慢变得丰满，同时，乳腺组织开始发育。一般经过3～4年，乳房发育成熟，明显高出胸部，呈半圆形，呈现出特有的曲线美。乳房，作为女性极为重要的性器官彰显着女性美。乳房还是人类哺育婴儿的重要器官。做好乳房保健，一来可以提高女性的自信心，二来也可避免很多乳房疾病的发生，预防乳房早衰，缓解乳房胀痛。那么，平时要如何保护乳房呢？

首先，要保持好心情，抑郁、紧张等情绪会增加患乳腺疾病的概率；保持规律睡眠，规律的生物钟有助于维持机体稳态，不规律的睡眠习惯可导致激素水平紊乱；保持正常的体重，提倡低脂高纤维饮食，适量补充维生素、矿物质，适当的运动预防肥胖可降低患乳腺癌的概率。调理月经，能预防各种乳腺病变；顺其自然的妊娠、哺乳也是预防乳腺癌的有效方法；和谐性生活可以帮助我们减少乳房不适；对乳房进行必要的清洁与按摩，有助于刺激血液流通，促进乳房血液循环，保持乳房健美的外形。此外，凡年龄大于30岁的妇女，建议每年请专科医生检查一次；40岁以上妇女，每半年请医生检查一次，以便及早发现病变，防患于未然。平时，我们还可以对乳房进行自检，要养成定期乳房自检的好习惯。

乳房自检八步骤如下：

步骤一　面对镜子，双手叉腰，观察双乳房外形、轮廓有无异常。

步骤二　举起双臂，观察双乳房外形、皮肤、乳头、轮廓有无异常。

步骤三　用右手抚摸左乳房上方，检查是否有肿块。

步骤四　用右手抚摸左乳房内侧，检查是否有肿块。

步骤五　用右手抚摸左乳房下方，检查是否有肿块。

步骤六　用右手抚摸左乳房外侧，检查是否有肿块。

步骤七　仰卧平躺，肩部稍垫高，举起右手臂，左手触摸右侧腋下、乳房尾叶，检查有无肿块。

步骤八　仰卧平躺，肩部稍垫高，举起左手臂，右手触摸左侧腋下、乳房尾叶，检查有无肿块。

思考题：

1. 女性的生殖器官有哪些？
2. 女性在青春期会有哪些变化？
3. 经期注意事项有哪些？
4. 生活中哪些因素可能诱发痛经？
5. 平时如何清洁外阴和阴道？
6. 如何进行乳房保健？

第五章　性与爱情

学习目的

通过本章的学习能够了解爱情的定义，学会分辨爱情的不同类型，掌握与异性交往的技巧，并且在面对爱情难题时能够合理地解决。爱情是美好的，性也是美好的，但是美好的性与爱情需要我们不断地学习和练习才能够拥有。

案例分析 5-1

张某和陈某在大一入学时相识，张某青春靓丽、性格开朗、能力出众，是校园里的明星学生，拥有众多的仰慕者。陈某也非常喜欢张某并展开了热烈的追求。在陈某悉心的照顾和真诚的关怀下，张某最终答应和他确立恋爱关系。他们的交往很顺利，在各方面都很合拍，是一对甜蜜的校园情侣。但随着交往的深入，陈某偶尔会流露出希望和张某发生性关系的想法。张某虽然也认为相爱的两个人发生性关系可以理解，但心里始终觉得为时过早，最好等到结婚以后再发生。因此，她每次都拒绝了陈某的要求。一开始，陈某表示理解，也没有强求，但渐渐地，陈某的意愿越来越强烈，并且在被拒绝后表现出了明显的不满。原来，陈某的室友们平时经常会讨论和性有关的话题，特别是有女朋友或者有性经验的室友会分享自己的经历。陈某因为尚未与张某发生关系，所以每到这时候都感觉很尴尬。室友们的"关心"让陈某感觉到了压力，而且从他们的话语中陈某感觉自己有了女朋友还是个"处男"是件很丢脸的事情。

因为性观念的不同，张某和陈某发生了多次矛盾，张某一方面不想因为这件事失去陈某，另一方面又无法跨越心中的那条道德底线，为此十分苦恼，不知该如何处理。

思考：

1. 如果你是张某会怎么解决当前的难题？
2. 你是否认为大学生情侣之间交往就该发生性关系？
3. 你是否认为大学生之间只要双方愿意就可以发生性关系？

第一节 爱 情

爱情

一、爱情的定义及类型

爱情是每个人都向往的一种美好情感，是古今中外文学艺术作品永恒的题材，也是众多大学生希望在大学期间拥有的浪漫经历，但大部分大学生都会疑惑："什么是爱情，如何判断对方对自己是哪一种感情……"也许大家对爱情都有自己的理解，一见钟情、日久生情、举案齐眉、相濡以沫等都可能是爱情的表现形式。

（一）爱情的定义

一般而言，我们将爱情定义为：身心成熟的个体基于客观物质基础和共同的生活理想，在各自内心形成的最真挚的仰慕，并渴望对方成为自己终身伴侣的强烈的、稳定的、专一的情感。

从爱情的定义我们不难看出，爱情的产生需有一定的生物基础，即性成熟的个体为满足自身性需求而产生的一种情感体验，这是爱情发生的基本条件。但真正的爱情超越了原始的性欲，更是个体渴望与他人建立长期稳定的社会关系，寻求安全感、亲密感、认同感等心理需要的特殊情感。因此，爱情具有生物属性、心理属性和社会属性，三者缺一不可。

（二）爱情的类型

也许同学们会很奇怪，爱情就是爱情，怎么会有不同的类型。如果仔细观察身边情侣的交往状态就会发现，不同情侣间的表现是不一样的。有些情侣很甜蜜，恨不得每时每刻都在一起；有些情侣不喜欢秀恩爱，但他们把彼此作为结婚的对象，会为了将来努力奋斗；而有些情侣则表现得相敬如宾，他们信任对方，但不会有什么亲密的举动，不知情者也许看不出他们是情侣关系。以上列举的只是情侣间交往的几种表现，恰恰说明了爱情也存在很多不同的类型。

很多学者提出了关于爱情的理论，其中最具影响力的就是美国心理学家罗伯特·斯腾伯格提出的爱情三角理论，他认为完美的爱情应该由三种因素组成：激情、亲密和承诺。

1. 激情

激情是一种伴随着个体的生理唤醒，强烈地想要跟对方结合的状态，包括在和对方相处时会有兴奋、脸红、心跳加速、渴望亲近等生理反应。同时，激情还是一种强烈的情感体验，处于激情状态的人可以为了爱情不顾一切，心甘情愿地付出。但实验表明，激情可以在人为创造的情境下产生，换言之，激情并不就是人们认为的爱情，而是人在特定环境下生理反应和错误归因机制的产物。

拓展阅读

吊桥效应

吊桥效应指人们在经过危险的吊桥时会产生心跳加速、头晕目眩等反应（图5-1）。

图 5-1 吊桥效应

情绪心理学家阿瑟·阿伦在1974年与助手在加拿大卡皮诺拉吊桥上进行了著名的吊桥实验。卡皮诺拉吊桥拥有百年历史，长450英尺（1英尺≈0.3米），宽5英尺，一直以2条粗麻绳及香板木悬挂在高230英尺的卡皮诺拉河上，行走其上不禁让人心生畏惧。实验小组安排了一位年轻漂亮的女士站在桥中央，她将主动与经过的18～35岁的单身男性进行交流，表示希望对方能够参与一项调查，并向他提几个问题，最后把自己的电话号码留给对方。同样的实验在另一座横跨于一条小溪上且只有10英尺高的普通小桥上又进行了一次，同一位女士，同一份调查问卷，同一个年龄段的男性实验对象，不同的只是实验的场地。

该实验的目的是了解在不同的情境下，相似的实验对象对同一位女士的印象是否会有明显的差异。结果显示，经过吊桥的男性中约有一半给这位女士打了电话，而经过小桥的16位男士中只有2位打了电话。

通过对男女大脑的研究发现，激情的产生与三种生理激素密切相关：苯乙胺、多巴胺和去甲肾上腺素。强烈的刺激会促使这三种物质大量分泌，从而产生激情这一生理表现。苯乙胺会使人们感觉异常兴奋，过度自信，因此轻易地许下海誓山盟，并且不会听取他人的意见，固执地认为自己的选择是正确的。多巴胺分泌到一定程度时会让恋爱中的双方感觉非常幸福和甜蜜。而所谓心跳的感觉就是去甲肾上腺素作用的结果，通过使血管收缩和神经传导，让人感觉怦然心动。虽然这些物质能够使人们陷入激情的美好体验，但由于人体的自我调节功能，生理激素不可能永远保持在高水平，当它们恢复到正常水平时，人们会感觉激情不再，与恋爱对象的感情变淡，甚至没有感觉了。研究结果显示，爱情生理激素水平的高峰期可以持续 6 个月到 4 年，平均在 30 个月，个人因素和环境因素会影响“热恋期”的持续时间。

需要说明的是，强烈的刺激并不只是环境变化带来的恐惧或兴奋的感觉，当一个人处在失落、伤心、不安等情绪状态时，他人的体贴、关怀、帮助、支持也能激发激情。

2. 亲密

与激情的热烈不同，亲密是一种温暖的感觉，是通过与对方长期交往了解后产生的信任、亲近、安全的情感体验。两个人在初次见面时就可以产生激情，但亲密感却是需要双方投入时间、精力和真诚才能够建立的。亲密感不仅存在于情侣之间，也存在于亲人和朋友间，他们关心对方，会为对方着想，尊重对方的想法和需求，互相理解、互相包容、互相支持、互相分享。在人际交往中，亲密感是维持一段关系的重要因素。

思考：你认为在一段恋爱关系中，亲密和激情哪个更为重要？为什么？

3. 承诺

如果说激情是“热烈”的，亲密是“温暖”的，那么承诺就是“冷静”的。承诺是爱情中的理性成分，包括短期的和长期的。短期的承诺指决定是否爱一个人，而长期的承诺指做出维护爱情关系的行为，包括与对方步入婚姻的殿堂，在婚礼上宣誓“无论顺境还是逆境，富有还是贫穷，健康还是疾病，我将永远爱你、珍惜你，直到天长地久”，并在此后的婚姻生活中履行爱情的责任，互敬互爱，忠诚专一等。爱一个人并决定永远和他（她）生活在一起固然是最美好的事情，但是在现实生活中，两种承诺也许不会同时发生，比如爱一个人，但不愿意承担责任，或给对方承诺；也有的人虽然内心决定今生只爱一个人，但由于各种原因没有向对方做出任何表示。

承诺是爱情三因素中不可缺少的一部分。没有承诺的爱情多了一份轻率和儿戏，少了一份严肃和神圣。承诺使爱情区别于其他的情感，具有排他性和唯一性，任何不忠诚的行为都会使承诺破裂。当一个人真心爱上另一个人时，会渴望得到对方的承诺，并主动给出自己的承诺。

思考：

1. 你认为不以结婚为前提的恋爱是否就是耍流氓？

2. 当前很多大学生奉行“不在乎天长地久，只在乎曾经拥有”，对此你怎么看？

激情、亲密、承诺这三种因素在爱情中的比例会随着时间的发展而产生变化，一般来说，恋爱初期占比最大的是激情，其次是亲密，最后才是承诺；随着爱情的发展，激情的占比不可避免地急剧下降，但亲密和承诺以不同的幅度稳步上升。对于交往了多年的情侣而言，虽然激情不如一开始强烈，但亲密和承诺使他们可以相处得更为和谐和持久。

斯腾伯格将具有激情、亲密、承诺三因素的爱情称为完美的爱，犹如一个稳定的三角形(图 5-2)。但是在现实生活中，很多恋人或夫妻的关系中缺失了其中的一个角或两个角，由此形成了不同的爱的类型，这也就解释了情侣或爱人间不同的爱的表现。

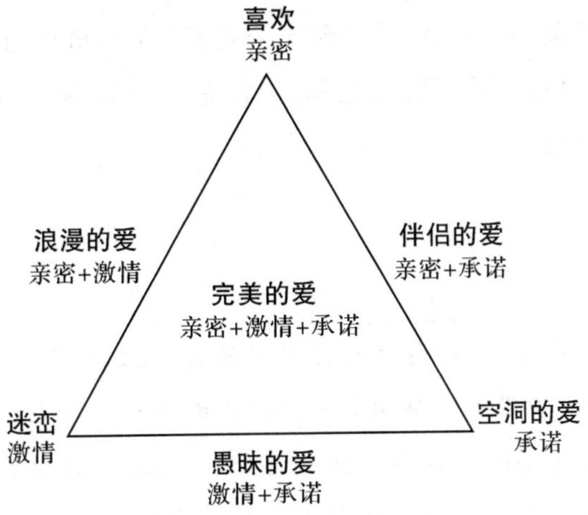

图 5-2　完美的爱

1. 喜欢

喜欢指只有亲密，缺少激情和承诺的恋爱关系。这一类情侣之间相处比较融洽，会有共同的话题和兴趣爱好，性格方面也较为契合，但彼此间没有热烈的情感体验，不会想要和对方进行亲密的接触，也未曾想过和对方共度一生。这样的关系更像是朋友间的友情，还算不上真正的爱情，但是拥有发展为爱情的基础。

案例分析 5-2

小玲在大二时被同校同学小诚追求，在经过一段时间的相处后答应与小诚交往，但是之后两人的相处模式让小玲非常疑惑。身边的情侣都非常甜蜜，不仅每天都有说不完的话，而且还会有很多亲密的举动。而她和小诚之间则异常平淡，没有热烈的情感，也没有亲密的举动。小玲之前没有谈过恋爱，不知道这样是否也是正常的恋爱关系，心里总希望和小诚能够像其他情侣一样相处，为此她很苦恼。

思考：

1. 你认为这样的关系正常吗？为什么？

2. 你觉得他们之间如此平淡的原因是什么？

3. 如果你是小玲，你会怎么做？

2. 迷恋

一段只有激情的关系被称为迷恋。在下面的案例中，月月和小豪相识的时间并不算长，而且只是通过网络联系，没有在日常生活中了解对方真正的生活习惯、性格品质等，也没有真实地交往过，因此不能说他们之间有亲密。当月月怀孕后，小豪的表现更是说明他不愿意承担爱的责任，他们之间也没有承诺，有的可能只是网络创造出的虚拟幻想带来的激情。这样的关系往往经不起现实的考验，在面对困难时两人很难会为对方考虑，或者做出牺牲。况且随着时间的推移，激情总会消退，缺少亲密和承诺为基础的恋爱关系很有可能走向终结。

案例分析 5-3

月月是一位大三学生，在玩游戏时结识了网友小豪，两人感觉非常投缘，偶尔会视频聊天，给对方留下了很好的印象，终于在半年后的一个假期，两人相约见面，并无法控制地进行了不安全的性行为。两个月后，月月在一次体检中发现自己竟然怀孕了。她把这个消息告诉小豪后没想到小豪马上要她去做人流手术，并不愿意承担相关的费用，推说自己没有那么多钱。月月顿时傻眼了，她一直觉得自己和小豪是相爱的，但真心爱你的人会是这样的表现吗？

3. 空洞的爱

据调查显示，当前大学生普遍有恋爱的渴望，但关于恋爱的原因，排名前几位的是“空虚、寂寞、无聊”，之后是“好奇心、新鲜感”等，因为“爱情”和“其他”位列最后。事实上，我们发现很多大学生在很短的时间内就能够从相识发展到相恋，这其中有相当一部分只是为了找个人陪伴。出于这个原因而在一起的情侣其实并不了解对方，彼此间也没有什么感情基础，空有爱的形式，而缺乏爱的内涵，我们称之为“空洞的爱”。如果两个人在交往过程中没有培养出亲密和激情，那么恋爱关系也无法长久地维系。

4. 浪漫的爱

在下面的案例中，小依和小唯的爱情已经有了激情和亲密，但因无法做出爱的承诺而结束，我们把这一类爱情称为“浪漫的爱”。通过案例我们不难看出，这类爱情的特点是只注重过程而不在乎结果，通常发生在热恋期的情侣中，往往“来得快，去得也快”。当然，也有一些情侣虽然相爱，但因为种种原因无法给出爱的承诺而不得不结束这段感情。

案例分析 5-4

小依和小唯来自两个相距很远的城市，在大学一年级时就开始交往，并且感情很好，是大家都羡慕的对象。他们讨论过毕业后的发展计划，发现两个人的想法并不相同，小唯想到一线城市打拼，而小依想回到家乡工作。他们都无法说服对方为了自己而改变想法，最后干脆把这个问题搁置，抱着“把握当下，不考虑将来”的心态继续交往着。

但是随着毕业的来临，他们不得不重新面对这个问题。虽然都很舍不得对方，但他们无法为了对方放弃自己的追求，最后还是在毕业前分手了。之后，他们在各自生活的城市组建了家庭。

5.愚昧的爱

我们把这种有激情和承诺，但因为缺乏互相了解而没有亲密的恋爱关系称为“愚昧的爱”。一见钟情就马上恋爱同居的行为，以及社会上日益增多的闪婚现象，都属于这一类型。我们之前已经解释过，亲密是爱情的感情基础，如果恋爱或结婚的双方连最基本的了解都尚未做到就因激情而盲目地做出承诺，那么结果很可能是不尽如人意的。我们不排除有些情侣在后期交往中培养出了深厚的感情，但这是建立在双方互相理解、包容、接纳，以及良好的沟通和交流基础上的。激情终会退去，但我们一旦做出了承诺就要承受毁诺带来的后果，所以对待爱情一定要慎重，不可轻率地承诺。

案例分析 5-5

果果和小剑一见钟情，很快就确定了恋爱关系，不久之后在校外租了一间房过上了同居生活。经过了一段甜蜜的时光后，两个人的矛盾日益突出。从生活习惯的差异到性格脾气的不合，两人的争吵越来越频繁，已经到了无法共处一室的程度。最终，他们还是选择了分手。但这段感情让他们都心力交瘁，无法将精力投入到正常的学习和人际交往中。

6.伴侣的爱

与以上五种爱的类型相比，伴侣的爱被认为是较为稳定的爱情。虽然没有了激情，但相互之间的了解和支持，以及对彼此忠诚和负责的决心还是能够使恋爱或婚姻关系长期地维持。这种爱情常见于交往多年的情侣，或者结婚多年的夫妻之间。对于这类情侣和夫妻，不妨尝试使爱情保鲜的方法，创造惊喜或感动来重新激发出激情，这会为爱情增加一些情趣。

7. 完美的爱

激情、亲密和承诺三种因素都具备的爱情就是人人都渴望拥有的“完美的爱”，这是最理想的爱的类型。其实在大多数恋爱或婚姻关系中，三种因素都会存在，但在爱情发展的不同阶段，三种因素的比例会有较大的差异，很难保持在理想的状态。因此，恋爱中的人需要能够判断当前的自己处于哪一类爱情中，一旦发现问题及时调整，只有这样才能获得完美的爱情。

二、爱情的发展阶段

爱情不是单纯的互相欣赏，也不只是第一眼相见时的怦然心动，而是两个相爱的人在经历了深入的了解、磨合后形成的亲近、信任、依赖以及无私奉献的复杂情感。爱情的发展一般可分为四个阶段：相互依存期、矛盾潜藏期、相对独立期、平淡共生期。

(一)相互依存期

相互依存期即热恋期，指两个人因互相吸引而陷入爱河。之前提过的三种爱情激素此时会大量分泌，使恋人们沉迷于对方不可自拔，恨不得每时每刻都在一起。“情人眼里出西施”是这一时期的典型表现。在恋人的眼里彼此都是完美的，是最为理想的交往对象。他们会看不到，或者会不自觉地忽视对方身上存在的缺点。相互依存期的情侣享受着爱情带来的幸福和愉悦，是四个时期中最为甜蜜的阶段。

(二)矛盾潜藏期

经过了一段时间的热恋后，恋人们彼此也有了一定的了解，最初强烈的好奇心和新鲜感逐步减少，情感体验慢慢趋于平淡。这一时期的情侣双方开始冷静地观察对方，会发现对方身上存在的缺点和不足，而且其中至少会有一方希望能够多一些自由支配的空间，那么另一方可能会因为感到被冷落而产生误解，怀疑对方不爱自己或者有了第三者等。因此，顺利度过矛盾潜藏期的条件是双方要学会有效沟通，将自己真实的感受和想法告诉另一方，并且学会换位思考，尊重、理解、包容和接纳对方的想法和要求。

(三)相对独立期

顾名思义，处于该时期的情侣要求更为独立的交往方式。他们需要更多的独立空间来处理自己的事情，也更加强烈地想要展现自己的个性、表达自己的想法。一般来说，此阶段的情侣已经形成了独特的相处模式，并开始更为理性地审视这段关系。很多人会思考和规划未来的发展，同时付出努力。所以我们会看见情侣们不再像之前一样只是交流感情、享受花前月下，他们中的一方或双方已经开始积极地投入到学习或职业发展中。虽然此时情侣间的关系不再像之前那么甜蜜，甚至产生了一定的距离，但是一旦度过了这一时期，情侣们的感情将上升到另一个层次。积极主动的沟通、真诚的理解和包容、培养共同的理想和目标是度过相对独立期的有效方法。

(四)平淡共生期

在经历了吸引、磨合和自我表达后，情侣们将会进入共生期。虽然该时期的特点是相对平淡的，但与前三个阶段相比，情侣间的关系更为稳固、和谐。他们已经建立了深厚的信任和了解，适应了稳定的交往模式，不再会为对方偶尔的冷淡而产生怀疑，关注的重点在于未来的成长和生活。平淡共生期是爱情的升华。很多情侣经受不了第二和第三阶段的考验而无法步入这一时期，究其原因不是因为不相爱，而是缺少恋爱的能力，或者两个人在性格、思维方式、行为习惯上不契合。

以上所述的爱情发展四阶段是根据心理学原理归纳总结出的一般规律，具体的个体表现存在一定的差异，各个阶段持续的时间并没有固定的标准，但无论如何，美好、成熟的爱情需要我们付出真心和努力才能获得。

第二节　两性交往的艺术

很多同学在与异性交往的时候都有过这样的困惑：我该怎么做才能让他(她)感受到我的心意；我怎么样才能走进他(她)的内心世界；为什么我对他(她)这么好，他(她)却对我很冷淡……

英国心理学家及作家罗伯特·霍尔登出版了一本名为《爱的能力》的畅销书，表示爱是一种能力，能够爱自己、爱别人和被人爱的人才是拥有“爱的能力”的人。诚然，“相爱容易相处难”，如何与相爱的人相处是我们每个人都需要学习的能力。学会倾听、学会沟通、了解爱的五种语言，以及为爱做主是其中最为基本的几种能力。

一、学会倾听

倾听在人际交往中具有十分重要的意义，与异性的交往更是离不开良好的倾听技巧。有效的倾听并不是被动地、机械地听，而是主动与对方建立互动的交流过程。倾听者耐心、专注、主动的聆听过程本身就给予倾诉者鼓励和尊重。善于倾听者一般会注意以下几点：

1.认真专注地倾听

在此过程中将注意力集中到倾诉者身上，与对方建立自然的视线连接，不左顾右盼，不做其他无关的事情，不随意打断、反驳对方的话。

2.给予及时的反馈

这里的反馈包括语言反馈和非语言反馈。语言反馈指肯定对方的观点、提出疑问、重复对方说话的内容等表示你在认真地听，并努力理解对方的意思，当遇到困惑时希望对方予以澄清。语言反馈的过程可以使倾听者更准确地理解对方的思想和情感。非言语反馈指运用面部表情和肢体语言表达你对对方说话内容的兴趣，鼓励对方继续说下去，如点头、微笑等。

3. 能够听懂倾诉者的弦外音

这一点在与异性的交流中显得尤为重要。由于性别的差异，男生和女生的思维方式和说话习惯有着明显的不同。女生往往不会把真正的需求和想法表达出来，而男生很多时候无法理解为什么女生会莫名其妙地生气或不开心，问她也不说明白。因此，在倾听时要结合性别特点理解对方语言中真实的想法和需求。例如，当女生对男生说“不要你管”时，可能说明之前当她需要男生陪伴或帮助时他缺席了，导致女生伤心失望。

思考：

女生：我的银行卡掉了需要补办。

男生：哦，那去办就好了。

女生：银行好远啊。

男生：那你打车去啊。

女生：……我不想一个人去。

男生：那你找个人一起去啊。

女生：……

你对这段对话有什么想法？

学会有效倾听可以促进我们与异性间的关系，拉近彼此的距离，获得对方的好感与信任，这是每个人都需要学习和练习的能力。

二、学会沟通

在倾听的基础上，我们要学会有效地沟通。沟通过程中主要注意语言表达、非语言交流，以及换位思考。

1. 语言表达要点

语言交流是沟通的主要方式，因此我们需要了解如何组织和表达语言信息。首先，清晰、明确地将自己的想法、观点表达出来，避免造成误解。其次，考虑对方的年龄、性别、文化水平、专业方向等，说对方听得懂的话，不可为了卖弄知识而说一堆别人听不懂的专业术语，否则会让对方感到尴尬，也失去沟通的兴趣。最后，注意观察对方的语言和语言反馈，当发现对方不耐烦或不高兴时要及时调整说话的内容和方式，重新引起对方的兴趣。

2. 非语言交流要点

合理运用非语言交流技巧能够帮助我们更好地增进与异性的关系。除视线交流、面部表情外，我们还应注意肢体语言、语音语调、交往距离等。肢体语言指的是通过我们的身体姿态、动作等表达出的情绪情感，一般来说，在与他人交流时要保持开放的姿态，如身体微微倾向于对方，双手自然放在身体两侧，避免双手抱胸。同时注意说话时的语音语调，用自然平和的语气谈话，过高、过低或一些奇怪的语气会让对方感到不适。最后要和谈话者保持适当的距离。对于“适当”的判断是根据交流双方关系的亲密程度，以及交往中表现出的双方感到舒适的距离而定。心理学研究表明，亲人、情人及女性朋友之间的亲密距离为15厘米左右；一般朋友、同事交往的私人距离为15～70厘米；礼节上的正式交往距离为70～200厘米；演讲等公开场合的公众距离为200厘米以上。交往时注意保持合适的空间距离可以避免引起他人的不满或误解。

3. 做到换位思考

换位思考是指站在他人的角度设身处地地理解对方，为对方着想。很多情侣间的矛盾和冲突就是没有做到换位思考而引起的。例如，很多女生非常重视一些具有特殊意义的日子，如自己和对方的生日、情人节、恋爱纪念日等，但是男生往往不会过于在意这些，很可能不记得这些日子，即使知道也不觉得应该做些什么，因此引发女生的不满。如果男生能够理解女生的想法，并积极配合，两个人的关系会更加融洽；而如果女生理解男生的粗线条，不把他们不在意的态度看成是对这段关系或对女生的不重视，也就不会过于苛责对方，引起不必要的冲突。

两性交往的本质就是通过沟通交流实现相互了解和情感交流，掌握有效的沟通技巧是每位大学生必须拥有的能力。

三、了解爱的五种语言

性审美与性形象的塑造

不知道同学们有没有注意到，每个人表达爱和需要爱的方式是不一样的，有的人喜欢夸奖喜爱的对象，也喜欢受到别人的赞美；有的人享受恋人为其服务的行为，也乐于付出；而有的人特别在意生活中的仪式感，喜欢准备一些小礼物送给爱人，也希望爱人有同样的表示。我们称这些爱好或习惯为“爱的语言”。如果恋人们能够读懂对方爱的语言，交往中就可以少一些冲突或误解，多一些理解和包容。美国著名婚姻家庭专家盖瑞·查普曼博士将爱的语言总结为五种：肯定的语言、精心的时刻、接受礼物、服务的行动、身体的接触。

1.肯定的语言

有一部分人喜欢得到别人的认同和赞赏，也会不吝惜地赞赏喜欢的对象，“肯定的语言”就是他们的爱语。当我们发现自己交往的对象是这一类型时，不妨多多给予他(她)肯定的语言，以增强他(她)的自信心，促进两个人的亲密关系。肯定的语言主要包括赞赏、鼓励、仁慈和谦和。我们在肯定他(她)时要发自内心，不可说违心的话或者敷衍了事；在鼓励他(她)时也要适度，不要一味地鼓励他(她)做不愿意的事；不管说什么、做什么都要让他(她)感受到爱和温暖；时刻保持谦和的态度，避免用颐指气使或者命令的语气和他(她)交流。

2.精心的时刻

如果大家仔细观察身边的情侣或夫妻，会发现一个很普遍的现象，热恋中的情侣或新婚夫妻在吃饭时不太会做其他无关的事情，他们的注意力都在对方身上，而相恋多年的情侣或结婚多年的夫妻则往往忙着看手机或者做其他事情，很少会关注彼此。也许大部分恋人最终都能够接受这种各顾各的状态，但仍然有一部分人无法忍受两个人在一起时互不理睬，各做各的事情，这一类人就属于“精心的时刻”的类型。如果你发现自己的交往对象属于这一类型时就要有意识地放下其他事务，给予对方足够的注意力和时间，进行一次全神贯注的交谈，或者安排一次浪漫的晚餐，让对方感受你对他(她)的重视和爱。

3.接受礼物

喜欢接受礼物的人属于视觉型，而礼物对他(她)而言是爱的象征。他(她)不需要很贵重的礼物，可以是买的小礼物，也可以是自己做的，最重要的是礼物代表了你对他(她)的爱，提醒着他(她)你爱着他(她)。如果你的恋人会不时地给你礼物，或者提醒你要送他(她)礼物，那么他(她)就属于这一类型，你要留意一些对你们而言有意义的时刻，及时地送上你的心意，这会使你们的感情更加甜蜜。

4.服务的行动

属于这种类型的人会因恋人或配偶为其做他(她)想做的事，为他(她)服务而感到开心和满足，因为这是他(她)感受到爱的方式。甜言蜜语和各种礼物可能都不及一份亲自送的外卖或者感冒药能够让他(她)感动。他(她)更在意的是对方可以心甘情愿、实实在在地为他(她)做的事情。情侣们在热恋时都愿意为对方服务，但随着感情逐渐趋于平淡，很多人无法保持最初的样子。如果你的对象属于“服务的行动”类型，千万要继续为其服务，否则他(她)会认为你不爱他(她)了。

5.身体的接触

身体上的接触是人们沟通情感的一种方式，很多时候我们不需要多说什么，一个拥抱就胜过千言万语。情侣间的身体接触并不是单指发生性行为，牵手、拥抱、亲吻等都是美好的接触。而属于“身体的接触”类型的人对于接触的需求尤为强烈，他(她)把和对方身体上的亲密接触作为主要的爱的语言，通过接触表达自己的爱，同时感受对方的爱。如果你的恋人喜欢身体的接触，你要有意识地主动与其接触，不可在对方接近时拒绝，身体上的拒绝对他(她)而言就是心理的拒绝，他(她)会认为你不再爱他(她)。同样的，当他(她)需要安慰时，只需要一个拥抱就可以抚慰他(她)的心灵。

了解自己和对方的爱的语言可以有效地避免一些误解，促进感情的进一步发展，收获幸福的爱情。

测一测

爱的5种语言测试

请选择各题中你喜欢的，或者你想要的一个选项。

1. A　爱人经常给我发关怀的短信，这让我很开心。
   E　爱人经常拥抱我，我很喜欢。
2. B　我喜欢和爱人独处
   D　爱人帮我洗衣服，我觉得他好爱我。
3. C　爱人送给我礼物，我很高兴。
   B　我喜欢和爱人一起散步。
4. D　爱人帮我洗碗，我很高兴他这样。
   E　我喜欢爱人抚摸我。
5. E　我喜欢爱人勾我肩、搭我背。
   C　每次爱人送我礼物，我都惊喜万分。
6. A　只要和爱人在一起，去哪里都可以。
   E　我喜欢握着爱人的手。
7. C　我珍惜爱人送我的每一份礼物。
   A　我喜欢爱人说“亲爱的，我爱你”。
8. E　我喜欢爱人坐在我身旁。
   A　我喜欢爱人说“亲爱的，你很美(帅)”。
9. B　陪着爱人是一件很开心的事。
   C　不管爱人送的礼物是大是小，对我都同样重要。
10. A　每次爱人说“我为你感到自豪”，我知道他很爱我。
    D　爱人帮我做家务，我知道他很爱我。
11. B　无论干什么我都喜欢和爱人一起做。

A 爱人每一句支持我的话，都能温暖我的心。

12. D 重要的不是爱人说什么，而是做什么。

E 我喜欢拥抱爱人。

13. A 爱人的表扬对我很重要。

C 爱人送给我喜欢的礼物，我特别高兴。

14. B 围着爱人转是我最开心的一件事。

E 我喜欢爱人给我按摩。

15. A 我的成绩得到爱人的认可，会令我深受鼓舞。

D 爱人为了我做一些他不喜欢做的事，这让我很开心。

16. E 爱人吻我千万遍我都不厌倦。

B 当爱人对我做的事情表现出浓厚的兴趣时，我很开心。

17. D 我做什么事情，爱人都是我坚强的后盾。

C 我很期待爱人在特别的日子送我礼物。

18. A 我喜欢爱人夸我长相好。

B 我喜欢爱人听我说话，尊重我的意见。

19. E 爱人一靠近我，我就情不自禁地抚摸他。

D 爱人有时帮我做事，我很感谢他。

20. D 爱人帮我这么多，我要好好地报答他。

C 我希望爱人送的礼物别出心裁。

21. B 和爱人在一起，我需要他特别注意我。

D 我希望爱人帮我清扫房屋。

22. C 每次过生日我都期待爱人给我送礼物。

A 爱人说“亲爱的，你对我很重要”，我百听不厌。

23. C 爱人通过礼物向我表达爱意，我喜欢。

D 不用我请求，爱人总是知道怎么帮助我。

24. B 我说话爱人从不打断我，我喜欢他这一点。

C 爱人送多少礼物，我都不嫌多。

25. D 爱人总是在我累的时候帮助我。

B 只要和爱人在一起，去哪里都不要紧。

26. E 我和爱人做爱。

C 我喜欢爱人送我礼物。

27. A 爱人的鼓励对我的信心很重要。

B 我喜欢爱人陪我看电视电影。

28. C　爱人送我的礼物，是天底下最好的礼物。

E　无论去哪里，我喜欢爱人经常抚摸我。

29. D　无论多忙，爱人总能在我需要的时候帮助我。

A　爱人经常向我表达谢意，这对我很重要。

30. E　和爱人小别，再见的时候总想亲吻拥抱他。

A　我喜欢听爱人说“亲爱的，我好想你”。

请计算 A、B、C、D、E 各选项的累计数量：

A——肯定的语言

B——精心的时刻

C——接受礼物

D——服务的行动

E——身体的接触

累积数量最多的就是你最主要的对爱的需求；如果有两个选项数量相同，说明你有两种主要的爱的语言。明白自己和恋人的爱语有助于增进彼此的了解，促进更有效的沟通。

谈性说爱

四、为爱作主

我们每个人都应该是自己爱的主人，包括选择喜欢的对象，追求想要的生活，以彼此都感觉舒适的方式交往。当然，对性爱也有说“yes”或“no”的绝对自由和权利。

案例分析 5-6

大一女生珍珍于入学后不久就与同校男生天天建立了恋爱关系，两人在交往了几个月后因一时激情发生了性关系。珍珍事前并未对此做好准备，只是经不住天天的一再要求而答应。她事后想到可能面对的后果而非常恐慌，懊悔不已，一方面感觉自己不再纯洁，对不起父母的教诲，无颜面对他们，另一方面又害怕天天此后对自己的感情不会再像从前，会随时离她而去。她不知道身边有没有女同学和她有过一样的经历，所以害怕她们发现她已经和她们不一样了。

珍珍就这样过了一个月，在第二个月时她本来准时的月经没有按时到来，这又加重了珍珍的恐慌。在极度不安下她到医院做了检查，发现没有怀孕，这才让她松了一口气，但是内心仍然处于痛苦之中。

大学生的性生理和性心理发展已趋于成熟，向往与心仪的对象有亲密的接触是非常正常的心理需求。受国外性开放思想以及我国传统性观念的影响，当代大学生对于婚前性行为仍持多元的态度。婚前性行为已经成为大学生们，特别是大学生情侣们不得不面对的问题。

(一)大学生对待婚前性行为的态度

婚前性行为是一个较为广泛的概念，指异性或同性之间在未履行结婚登记手续的情况下发生的非单方面性行为。如果婚前性行为是在双方自愿的前提下发生的，那么不受法律的保护，因此行为双方不存在夫妻间应有的责任和义务。

相关调查结果显示，目前大学生们对于婚前性行为普遍持有以下态度：完全反对、有条件赞成和无条件赞成。持完全反对态度的大学生认为任何理由的婚前性行为都是不合理、不道德的，这一行为只能发生在合法夫妻之间；也有一部分大学生认为只要两个人相爱，情到浓时自然而然地发生性行为也是可以接受的，性行为是爱的表达方式，有助于增进彼此的感情；而持无条件赞成态度的大学生只将性行为看成是满足生理需求的方式，认为与他人发生性行为是个人的自由和权利，只要双方自愿就可以，不需要有其他的条件。

不可否认，我们对于自己的身体有绝对的所有权，对于自己的行为也有绝对的支配权，但这并不表示我们可以随心所欲地做任何事情而不考虑后果。人类与动物在性方面的区别就在于人类的性受到社会规范、伦理道德的约束，具有社会属性，不仅仅是生理方面的满足。随着社交媒体的发展，很多大学生会通过一些社交软件寻找陌生人交友，其主要目的就是为了与之发生性关系，这无疑使性行为沦落成最原始的性交行为。从性自由的角度来说，是否发生婚前性行为是个人的选择，我们无权对他们的性观念做出评判，如嘲笑反对者过于保守，或者批评赞成者行为不检点等，但无论如何，我们要明白自己的选择会带来什么影响，慎重考虑之后再做出不会让自己后悔的决定。

(二)大学生婚前性行为带来的影响

案例分析 5-7

据南方网报道，2016 年 3 月 27 日早晨 7 点左右，山东某高校 19 岁女生在阳台上被发现已失去生命体征，身边还有一名刚出生的婴儿。据了解，因为放假，与该女生住同一宿舍的同学都回了家，宿舍里只剩她一人。事发前一晚，其他宿舍的同学曾去看望这名女生，但一同上厕所时被她刻意支开了。

一条鲜活的生命就因为没有自我保护意识，没有必要的性知识而遗憾地逝去了，而另一条无辜的小生命刚刚降临到这个世界就不幸地离开，这不得不让我们反思学校、家庭、社会在培养优秀的青年学生的同时，是否忽视了对于这个群体而言至关重要的性健康教育。

大学生的婚前性行为会带来一系列生理、心理和社会关系的影响。

1. 影响生理健康

婚前性行为对大学生最为直接的就是生理健康方面的影响。大学生虽然有强烈的性欲望，但必要的性健康和性保健知识普遍缺乏，如发生性行为的环境要干净、行为前后男女双方要进行清洁卫生、行为过程中一定要做有效的避孕措施，以及了解怀孕的一些表现等。

在不洁的条件下发生性行为会导致行为双方的性器官被感染，如男性生殖道炎症、尿道炎、前列腺炎等，以及女性阴道炎、细菌感染等；而不使用安全套很可能引起性病、艾滋病的传播，或者使女性怀孕。这些情况不仅会影响大学生的生理健康，更会引发严重的社会问题：大学生群体已经成为性病、艾滋病防治的重点对象，而女生因未婚怀孕而进行人工流产的现象已屡见不鲜。性病、艾滋病的危害相信大家都有了一定的了解，至于人工流产的危害却被很多学生忽视了。人工流产的方式不管是药物流产还是手术流产都会对女性的生殖系统造成创伤，从而引发子宫肌瘤、子宫穿孔、宫颈癌、生殖器官炎症等，甚至最终导致不孕不育。部分大学生因为害怕被他人知晓或经济条件有限，不愿意去正规医院进行流产，选择一些不正规但价格低廉的小诊所，这很可能引发更为严重的后果，造成更加难以弥补的伤害。

2. 造成心理压力

正如上述大学生珍珍的案例中所示，婚前性行为会给很多女大学生带来沉重的心理压力。虽然当今社会对于婚前性行为的包容度已经比以前高了很多，但大学生们从小受到的教育仍然强调婚前性行为，特别是处于学生阶段的婚前性行为的非道德性和有害性。大多数父母会告诫孩子要自尊自爱，不可逾越界限，学校和社会也普遍不赞同学习期间发生非婚性关系。这无疑给已经发生性关系的学生带来很大的心理压力。很多学生在事后陷入后悔、自责、羞耻等负性情绪中，感觉自己不再纯洁，害怕受到他人的指指点点，也害怕自我价值因此而降低。如果一旦不幸感染上一些疾病、意外怀孕或者经历了流产手术，他们要承受更大的精神压力，正常的学习和生活势必会受到很大的影响，甚至有可能失去学习的机会。

3. 影响社会关系发展

大学生婚前性行为对于社会关系的影响主要体现在阻碍良好恋爱关系的建立和发

展。与性观念相对保守的大学生相比，无条件赞成婚前性行为的大学生更加难以建立稳定的恋爱关系，他们往往会与他人，包括认识的人和陌生人，发生临时的或短期的性关系，性行为对于他们而言只是为了满足生理上的欲望。即使他们已经有了恋爱的对象，也常常会因为控制不了性欲而与其他人发生性关系，这无疑会破坏正常的恋爱关系，对恋人造成伤害。

对部分思想成熟的大学生来说，婚前性行为会使恋爱关系更为亲密，使双方的感情进入更深的阶段；但是对于另一部分大学生而言，婚前性行为会成为恋爱关系发展的转折点，原本美好的恋情被蒙上了灰暗的色彩。区别在于，前者通常与恋人就性观念达成一致，在慎重考虑及双方完全自愿的情况下发生性行为，即使之后两人分开也不会因此而怨恨对方；而后者则恰恰相反。

恋爱是两个人在相爱的基础上建立互相平等、互相尊重、自由选择的关系。在未发生性行为之前，恋人间的关系主要靠情感和思想的交流来维持，双方更加注重精神层面的沟通和对彼此性格品质等方面的了解；而发生性行为之后，双方关注的不再仅仅是对方品质，还有性方面的满足。受传统性观念的影响，一些大学生将性行为看成是一种承诺、一种约束，认为只要发生了性行为“我就是他的人了”或者“她就是我的人了”，从而导致男生可能变得不再如之前那么尊重、重视女生，而女生变得更为依赖男生，害怕对方离开而违心地迁就忍耐。恋情的终结对于她们的打击要比一般大学生更加沉重，为此，她们即使发现对方有很大的缺点或者并不适合她们，也不会选择分手，甚至会和对方结婚。

而一旦在交往期间女方怀孕，两个人的关系就不再是单纯的恋人关系，很多情侣在女方做完人工流产后选择分手，即使不分手的情侣也无法再把对方看成是单纯的恋人。有些大学生因为怀孕而与对方成婚，感情基础并不稳固，彼此间的了解也并未深入，这样的婚姻存在很多的隐患，很难获得幸福，况且他们必须承担起作为父母的责任。对于心智还未完全成熟、没有经济能力、未来发展迷茫的大学生而言，抚养下一代几乎是一个不可能的任务。结婚生子势必会影响学习，有些女生因此放弃了学业，这对于她们个人的成长是不可弥补的遗憾。

大学生对于婚前性行为的渴望符合其生理和心理方面的需求，但是否进行该行为一定要经过慎重的考虑，否则行为双方的生理、心理和社会关系都会受到消极的影响。

（三）大学生如何对待婚前性行为

思考：你对于大学生婚前性行为存在哪些困惑？

经常有同学询问“交往了3个月是否可以发生性行为”“男朋友提出性要求我要不要答应”“身边的同学都这么做，我拒绝的话是不是不正常”等等问题，表明大学生普遍不知该如何对待婚前性行为。其实，一旦大学生们能够做到以下几点，以上的问题都将不复存在。

首先，明确自己的性观念。很多同学在性方面没有形成自己的认识和观点，很容易受他人的左右。例如，一些同学在进入大学前一直认为大学期间不应该发生性行为，但受到周围同学的影响而产生动摇，并且在自己尚未确定想法的情况下盲目地与他人发生了性行为，以至于事后痛苦万分。因此，同学们对待性行为一定要慎重，在确定了自己想法之后再决定做或不做。如果做了，就要接受之后恋爱关系仍然会结束的可能，以及可能面对的社会压力；而不做，也要和对方做好沟通，取得对方的理解。

其次，确保双方的性观念一致。在明确自己的性观念之后要与对方进行相关的沟通交流，在发生性行为前确定双方的观点是一致的。例如，有的同学认为性行为是一种终身的承诺，一旦发生了就表示两个人最终要走进婚姻的殿堂，但如果恋爱对象并没有这种想法，只是单纯地想要享受生理上的快感，这样的两个人没有在事先做好沟通，那么当分手来临时便会对一方造成深重的伤害。

虽然不是最后的一点，但是最重要的一点——要学会拒绝。当你认为自己没有做好准备，或者双方的观点不一致，又或者两个人的感情还没到可以发生性关系的时候，就要学会坚定地拒绝，这是每个人的权利和义务。不要害怕对方会因此而不满或离开你，如果他（她）不接受你的建议，只能说明他（她）并不是真的爱你。爱一个人不会勉强她（他）做不愿意做的事情；也不要轻易地被对方改变想法，一时的动摇有可能带来你不愿意面对的后果。拒绝时一定要坚决，你的犹豫不决或者模凌两可会使对方心存希望，继续纠缠。请千万记住，你的爱情你做主，任何的后果都只能由你自己承担，所以不要做违背真心的事情。

思考：当你拒绝恋爱对象的性要求后，如果对方说这些话，你会如何回答？

1. 我控制不了自己。

2. 别人都这么做。

3. 你是不是有什么问题？

4. 难道你不相信我吗？

5. 你是不是不爱我？

6. 你是不是个男人？

最后，严肃看待性行为。虽然大学生的婚前性行为不决定之后的婚姻关系，但这也不是一件随便的事情。大学生们需要考虑这一行为对自己和他人带来的影响。正因为婚前性行为没有法律的保护，我们对此更加要慎之又慎，避免被人恶意地欺骗或玩弄。大学生未婚先孕后被抛弃或者发生性行为之后对方就提出分手的事情也时有发生，所以大家一定要保持冷静，擦亮眼睛，保护好自己。如果已经与恋爱对象有了性关系，就更要认真对待对方和这段感情，保持忠诚，不三心二意，做到对彼此负责。

第三节　爱的放手——失恋

爱的放手

爱情是美好、甜蜜的，但不是每段爱情都能有圆满的结局，我们当初以为可以相伴到老的人，不知何时就离开了。失恋几乎是每个人都会经历的爱情难题，它带给我们悲伤、挣扎、不舍、不甘等痛苦的体验，但每一次走出失恋，我们的内心会变得更加坚强，对于爱情会有更加深入的理解，对于自己也会有更为全面的认识。

案例分析 5-8

小施是一名大二学生，一个月前与女友小蓓分手后深受打击，自此心烦意乱、茶饭不思、无心学习、情绪抑郁。小施表示小蓓是自己的初恋，一开始两个人的感情很好，但随着交往的深入，两个人表现出性格不合，行为习惯和思维方式等方面也有很大的不同。在经历了多次争吵后两个人的感情出现了裂痕。之后小蓓身边出现了新的追求者，因此向小施提出了分手。

虽然已经分手了一个月，但小施仍然忘不了小蓓，每每想起往日的甜蜜内心都非常痛苦，也曾经想挽回这段感情，但被小蓓无情地拒绝了。在知道小蓓已经和新欢在一起之后，小施心里产生了怨恨，会在别人面前表达对小蓓的不满，见到对方也不打招呼，形同陌路。

思考：

1. 你认为小施从伤心到怨恨的原因是什么？

2. 如果小施向你求助，你会怎么帮助他？

一、认识失恋

（一）失恋的含义

当相爱的两个人经过一段时间的相处和了解，发现对方不是自己理想的对象，不适合在一起生活，提出分手也许是对彼此都负责任的行为，只是总有一方或双方要经历失恋的痛苦过程。从本质上讲，失恋只是一段人际关系的结束，只不过在这段关系里我们投入了爱和真挚的情感，当不得不失去曾爱过或还爱着的人，失去已经习惯的相依相伴时，我们难免会陷入痛苦之中。

不管失恋的原因是什么，都说明双方已经无法再继续交往，很多时候感情的变化或者分手的决定都没有对和错之分，只是遵从了内心的想法而已。合理地看待和面对失恋会使我们变得更坚强，更好地学会爱自己和爱他人，为下一场美好的恋情做好准备。

（二）失恋的阶段

不论是男生还是女生，在失恋以后都会经历一段艰难的心路历程，一般包括以下几个阶段。

1. 否认

在确定分手之后的一段时间内，我们会无法接受这一事实，仍然抱有"他（她）还是爱我的，他（她）还会来找我"等等想法，并且试图寻找爱情仍在的证据，比如翻看曾经的聊天记录，等待他（她）的来电，到平时常去的地方希望能够遇见他（她）。当这些证据都无法证明他（她）还爱着我们时，内心就会非常痛苦。从心理学的角度分析，当人类还未准备好面对精神创伤时，潜意识里会拒绝接受这些事实，否认就是人类通常应对失恋带来的伤害的第一步。

2. 愤怒

当所有证据都证明分手已成事实，对方确实已经离开了我们的生活时，我们无法再否认分手的现实，内心会充斥着强烈的愤怒感。这种愤怒可能表现为对他（她）的怨恨，如把和他（她）有关的消息和联系方式全部删除，把相关的物品全部扔掉，在语言和态度上攻击对方等；也可能转变为对自己的攻击，如责怪自己做得不够好，认为自己不优秀、不值得被爱等。适当的愤怒有助于情绪的宣泄，但需要注意不可在这个阶段做出伤害自己和他人的行为，不可让愤怒淹没了理智。

3. 自怜

愤怒过后剩下的是一种惨淡凄凉的心情，人们开始哀叹自怜，自暴自弃。有的冒出了"我是一个糟糕的人，他（她）才会离开我""不会再有人爱我了"等等自我否定、糟糕至极的想法；有的想要放弃自尊和骄傲去挽回曾经的爱人；也有的将自己封闭在这种情绪里，拒绝与他人交往，无心学习，也无心打理自己，陷入忧郁的状态中。在这一阶段，允许自己封闭一段时间也未必是件坏事，人们可以通过这个缓冲期重新积蓄能量，为走出失恋做好准备。

4. 不屑

不屑的阶段是人们主动走出失恋的第一步，表现为在态度上对前任的不屑一顾，开始挑对方的不足之处，并且想要寻找新的恋爱对象来说明自己已经放下了上一段感情。这种通过否定对方以及转移注意力来重获信心的方式虽然不一定合理，但也是一个良好的开始。但是，为了忘记前任而匆匆建立新的恋爱关系并不是明智的决定，很有可能带来的是另一段令人遗憾的恋情，因此大家一定要慎重考虑，避免到时又一次伤人伤己。

5.释然

进入这个阶段说明你已经走出了失恋的阴影，也许偶尔还会想起对方，也许心里还有些许伤感，但已经不再像之前般痛苦，不再埋怨自己或怨恨对方，能够冷静客观地看待之前的感情，理解双方分手的原因，并对未来新的恋情抱有希望。释然并不等于遗忘，我们不可能将一个曾经亲密的人从记忆中抹去，除非是被某种超能力消除了记忆，因此大家不必纠结自己有时还会想起他(她)，想到的时候内心还是会有些波澜，这些都是正常的现象。只要我们已经可以坦然地面对他(她)，面对曾经的感情，并且做好当下的事情，过好自己的生活，那么我们就已经走出了失恋。

二、走出失恋的阴霾

对于失恋者，特别是“被分手”的人来说，最不知所措的是如何处理失恋带来的强烈的负性情绪，如何使自己尽快地走出失恋的阴霾。下面列举一些切实可行的方法来帮助大家渡过这个恋爱难关。

(一)适度宣泄

失恋了之后千万不要压抑自己的情绪，允许自己有痛苦、空虚等负性情绪，并且用合理的方式宣泄出来。倾诉是一种非常有效的方法，向你信任的同学、朋友、亲人或师长倾诉内心的情绪和想法有助于释放心理压力，保持心理健康。如果你不想和他人倾诉，也可以通过写日记、写微博等方式抒发情绪。除了倾诉外，你还可以做其他想做的事情，如大哭一场、大吃一顿、疯狂运动、尽情玩游戏等。任何不伤害自己和他人的行为都可以用来宣泄失恋带来的痛苦。

(二)转移注意力

对于刚经历失恋的人来说，任何与对方有关的回忆都是苦涩的，曾经一起走过的路、一起吃过的小吃、一起做过的事情带来的都是满满的回忆。此时，不妨尝试转移注意力，让自己暂时逃离痛苦的情绪。转移注意力的方法包括以下几个方面：

(1)通过换一个环境来放松心情，调整自己。可以试着到一个陌生的地方旅行或生活一段时间，陌生的环境和全新的经历可以有效地帮助我们暂时忘却失恋的事实，放松紧绷的神经。

(2)将注意力转移到更为有意义的事情上。恋爱只是大学生活的一部分，并不是全部，大学生最需要做的事情是学习知识、提升自己的综合素质和能力。因此，与其沉浸在失恋中，不如将这份失落和痛苦转移到从事更为重要的事情上，比如投身于学习中，参加各种有意义的活动，结识更多志同道合的朋友。这不仅是情绪的疏解，更是情绪的升华。德国作家歌德正是通过创作中篇小说《少年维特的烦恼》来抵消爱情的痛苦。

可能很多同学会认为忘记一个人最好的方法是爱上另一个人，所以在失恋后匆匆地建立新的恋情。但是支持这段关系的并不是爱，而是对他（她）的利用，利用他（她）填补内心的空虚，利用他（她）满足自己的虚荣心。当经过一段时间，失恋的伤痛慢慢愈合以后，他（她）可能也就不再被需要了，当初的“被分手”者也许就变成了提出分手的人。这对于无辜的他（她）来说又何尝不是一种伤害。所以，不要为了忘记一个人而去伤害另一个人。

（三）调整心态

除了适度宣泄和转移注意力以外，从根本上解决失恋困扰的方法是学会调整心态，坦然地面对失恋，改变一些不合理的想法，理性地分析分手的原因，接受失恋的到来。

首先，恋爱只是两个人互相了解、互相选择的过程，并不意味着以后一定要结婚，因此每个人都可能经历失恋。在当今社会，第一次恋爱就能步入婚姻殿堂的少之又少，失恋是非常正常的恋爱结果，并不是一种耻辱或灾难。

其次，失恋了并不意味着你不好，只能说明你们不合适。很多人失恋了之后变得自我否定、自暴自弃，追根究底是因为抱有一些不合理的信念，如“被抛弃了是因为我不够优秀/不够漂亮”“失恋意味着人生的失败”等。要知道，即使是再优秀/再漂亮的人也有可能因为各种原因而被分手，恋爱的发生也许有外表、能力等方面的原因，但恋情的维持主要靠的是性格、思维方式、价值观念方面的契合。如果明知双方不合适却勉强保持恋爱关系，那带给双方的不是爱情，而是枷锁。

我们要学会理性、客观地分析分手的原因，不盲目地归咎于自己身上，可以承认自己在某些方面存在不足，但不可过于自责，有则改之，无则加勉即可。同样，对方也是普遍人，也会有缺点和错误，我们不可一味地怨恨对方，甚至想进行报复，也许最好的报复是做更好的自己，生活得更幸福。

最后，保持对爱情的憧憬。有些大学生在经历了一次或几次恋爱受挫后就不再憧憬爱情，认为恋爱太辛苦、太折磨人等。其实，恋爱的过程也是自我认知、自我成长的过程，我们从中学会如何与恋人相处、如何爱一个人。爱是一种能力，这种能力并非与生俱来，而是需要通过不断的学习和实践获得。很多已婚夫妻在婚后仍然要学习如何爱和维持婚姻，失恋只能说明我们当前还未完全掌握这种能力而已。爱情是美好的，是值得我们憧憬和追求的，不可因为一时的挫折而放弃对它的向往。只要我们理性看待失恋、总结经验、自我完善、自我成长，终有一天会拥有幸福的恋情。

第六章　性与婚姻

性、婚姻、家庭

学习目的

在现代社会，特别是我国已迈入新时代，接受婚姻与家庭幸福的婚前教育，是每个成年人不可或缺的一课。在校大学生作为成年人，都期望自己在爱情、婚姻、家庭等个人问题上称心如意。因此，在婚前为构建未来美满的婚姻和幸福的家庭做好必要的心理准备，对于个人事业的发展和身心的健康，对于未来家庭的稳定，对于社会的和谐进步，都具有十分重要的意义。

第一节　婚前准备

良好的婚姻，在一定程度上依赖于成功的婚前准备。从性教育角度而言，成功的婚前准备包括男女双方进入共同生活的性知识准备、婚姻巩固和延续的性道德知识的准备。

一、进入婚姻的必要准备

（一）必要的物质基础准备

历史和现实告诉我们，婚姻要求人们既要有高度的责任感，又要有自我牺牲的义务感，同时要有应有的物质保障作为支撑，这也符合社会主义核心价值观的价值取向。即将迈入婚姻神圣殿堂的男女，不仅要有独立的人格，而且还要能够经受住社会多方面的考验，要有自己的工作事业和维持家庭生活的经济来源。设想一个居无定所、自身难保的人，怎样担当起家庭义务与社会责任？因此，对于准备结婚的人尤其是男性个体，最起码的要求是应该具备“养家糊口”“居者有其屋”等本领——职业或特长。

(二)必要的共同生活准备

有关婚姻家庭整个生活方面的道德修养、家务劳动技能等，都是共同生活的必备条件，也是将来家庭稳定和适应的前提。强调共同生活准备的目的是引导年轻人能够适应婚后生活和如何承担应尽的家庭道德义务和社会责任。这将涉及婚前共同生活训练，其主要内容有：如何独立自主，当家作主，处理家务；如何增强道德责任感，培养优秀品质，具体到诸如遵守婚姻家庭中的道德规范和道德原则等；如何承担社会责任，具备良好的社会公德，成为合格公民。经过这一系列训练后，可以使准夫妻在婚后能够水到渠成、充满阳光地和谐生活，这无疑对个人、家庭和社会都是有益的。

(三)必要的婚姻知识准备

婚姻知识的相关准备，主要包括婚前检查、婚期的选择和了解必要的性知识等。

1. 婚前检查

婚前检查是指男女双方在婚姻登记前进行的身体健康检查。目前，我国已把婚前健康体检作为婚姻登记的一项前置要求。通过健康史、家族史的调查等，使婚前检查的优点凸显：一是能够发现遗传缺陷方面的问题，有效阻止在某些方面有缺陷的下一代的出生；二是能够发现一些暂时不能结婚的疾病，为其有效治疗提供了信息；三是可以在检查身体的同时，接受一次健康文明的性知识教育。婚前检查的内容主要有：询问健康史、家庭史；全身体格检查；检查生殖器官及第二性征发育情况，是否有性病。所以，从微观而言，婚前检查对男女双方的婚后生活、优生优育、家庭的幸福，可谓作用明显；从宏观上讲，对人口素质提升、中华民族兴旺都有着重要的意义。

案例分析 6-1

凌小姐经邻居介绍认识了徐先生，两人一见钟情，并迅速办理了结婚登记。婚后两人恩爱有加，春节过后，两人一起南下找工作。几个月后，徐先生渐渐发现凌小姐性格和婚前大相径庭，暴躁易怒，沟通困难。开始徐先生以为其是工作压力大，处处忍让，后来发现凌小姐有时完全不能控制自己的情绪，经常歇斯底里。经了解才知，凌小姐之前就有间歇性神经病，在药物的控制下病情趋于好转。

婚后凌小姐便不再服药，导致旧疾复发。徐先生因此起诉至法院要求与凌小姐离婚。

2. 婚期的选择

长期以来，由于受传统文化和习俗的影响，有的地方还受封建思想的束缚，人们往往只选择所谓的“黄道吉日”作为婚期，即使文明程度高一些的地方，也主要把重要节假日作为婚期首选，却忽视了从健康角度选择婚期，这是违背科学规律的。正确的做法是要充分考虑女性的生理特点，交由女方——新娘来选择结婚的最佳时期，这也是尊重妇女的重要体现。

3. 性知识的领悟

简言之，就是学习掌握一些关乎维护爱情的技艺，具体有两个要点，一方面，要了解性器官的结构和功能；另一方面，要认识婚姻不只是性欲的表达，幸福、和谐的婚姻生活需要夫妻双方共同来经营。

二、过好新婚之夜

通常情况下，“一日夫妻百日恩”的“一日”即结婚那一天，也就是我们常说的“新婚之夜”，是夫妻双方性生活的开端。因而，新婚之夜的性生活能否和谐，关系到今后的夫妻性生活的持续展开。初婚男女在进入婚姻时，除掌握性生理卫生常识外，还要掌握一些新婚期必需的性生活知识，为新婚第一夜性生活的顺利进行做好准备。

（一）消除心理障碍

新婚心理障碍就是焦虑困惑，主要是指对性生活的害怕、贞操等心理问题。性生活的害怕心理是指男女双方刚进入婚姻时，双方对自己的性行为产生的害怕、担忧心理，有的自我施压几乎到了极点，不由自主地怀疑自己的性能力，害怕自己的行为不能给对方带来快乐等。性的贞操问题是指女性的处女膜问题，如果在洞房花烛夜发现女方的处女膜已破裂，即认为女方“不贞”，大闹不休，就会影响未来夫妻的感情和性生活的和谐，甚至酿成婚姻悲剧。事实上，在一些特殊环境下，诸如剧烈运动、繁重劳动、骑自行车等体育活动和遇到意外伤害等情况下，都可能造成处女膜的破裂。因此，男性对待女性的处女膜问题应当有一个心理准备，关键是要消除封建残余思想。另外，还有不孕不育问题，有的男（女）性可能有生理上的疾病，怀疑自己不能生育而担惊受怕，自始至终显得“惶惶不可终日”。最好的办法是尊重科学、相信现代医术，双方主动一起到专门的医疗机构去检查，找到根源，对症治疗。

（二）硬件和卫生准备

硬件方面：比如，新婚用的内衣、被褥都应该是新置的，才有新的面貌、新的感受，这将在夫妻伴侣一生中留下刻骨铭心的记忆。又如，预先备好一块小床单，垫在床上，便于清洗；还有小毛巾、卫生纸等，以便事后清洁使用。再如，新房内留一盏小灯，亮度尽可能调至双方喜欢的程度；室内的温度以裸体感知舒适为宜，营造温馨的场景。

卫生方面：新婚同房的卫生是方方面面的，但迄今还没有引起广泛的重视。同房之前，各自应该刷牙、洗澡。还要根据需要准备避孕药具，因为新婚前后夫妻双方都疲惫不堪、酒精摄入量多、房事频率又高，致使丈夫的精液量少质差，一旦受孕，难以达到优生初衷；况且婚后不久小宝宝的降临，既影响充分享受新婚期两人世界的温馨，又“干扰”性生活和谐。

（三）性生活的和谐

同房时，新郎切勿“急于求成”，要耐着性子、循序渐进。首先，要充分进行“性交前的爱抚”，用低声细语调动彼此的激情。然后，用手语传导自己的性爱需求，绝不可“直截了当”，甚至野蛮粗暴。事后，还要十分注意“性交后的爱抚”，在等待新娘性兴奋消退后，一起温馨地进入梦乡，彼此留下不可替代、水乳交融、终身难忘的记忆。

三、婚后美满生活的共同打造

结婚之后美满生活的共同构建、打造，夫妻双方首先要学会转换主体角色，也就是说，从为人子女的从属角色向为人夫（妻）和即将为人父（母）的大转换。这个转换的实质是上有老、下有小和中间有婚姻的另一半，需要更多的爱和无私奉献。

（一）由个人为主到以家庭为主的角色转换

在美满的婚姻中，新的认同是建立在爱和情的扎实根基上的。正如沃伦斯坦博士所说，婚姻需要双方都放弃以自我为中心的观念，并牺牲他或她的部分自主权……夫妻中的任何一方都应学会认同另一方。这就要求双方在进入婚姻殿堂后，由考虑个体为主转移到考虑整个家庭为主。

（二）由一对恋人到爱人（夫妻）的演变过程

这个过程要建立在对恋人与爱人的根本不同的认识上。首先，恋人与爱人在行为目标上互不相同。恋爱期的目标是实现两人的共同生活，即结婚，一般两人都不希望这个目标的存在期太长，而是越快越好。而婚后的目标是实现夫妻间长相守，一般两人都不希望这个目标的存在期太短暂，而是天长地久。其次，要认清恋人与爱人在行为的主体与客体的内涵上互不相同。在恋爱期，恋爱的主体是恋爱着的男方与女方，双方此时的注意力集中在男女关系的亲密程度上。而在婚后，行为的主体是男女双方共同组成的家庭，涉及方方面面，有时甚至枯燥乏味。所以，进入婚姻家庭的夫妻要学会从恋人到爱人的快速演变。

（三）性生活对婚姻的作用

婚后美满生活的共同构建、打造，还要认识到性生活对婚姻的作用，主要要了解夫妻性生活的如下特点：一是从缔结婚姻关系开始，夫妻间的性行为方式将是专一的、经常的、合法的、互爱的性生活。二是它也揭示了夫妻间的性行为不仅是契约式的权利和义务关系，更多的是共同的生活。三是夫妻因性别的不同，对性的欲望、需要和反应方式也不同。四是夫妻性生活问题往往是夫妻感情问题的表现，如果出现性生活不和谐，主要应着眼于改进夫妻的关系与感情。五是夫妻性生活与夫妻之间的感情一样，需要用心维护和精心栽培。只有如此，性爱才能长久不衰。

四、保持爱情的秘方

保持爱情，使爱情更具魅力，需要夫妻双方对性爱不断更新再造。这种实践不是爱情的自然成长，而是双方有意识地培植，不断在夫妻生活中注入大量新鲜的、充满活力的元素，使性爱永葆青春。

(一)保持良好形象

良好的外在表露，能增强性爱的吸引力。如果妻子在婚后不再精心打扮，比如涂脂抹粉、对照镜子、试穿衣服，丈夫也变得不修边幅，长此以往肯定会削弱对对方的向心力，彼此冷漠，进而影响性欲，甚至走向反面，不利于婚姻的和谐稳定。

(二)不断完善自己

不断更新、完善自我，始终保持新鲜度，善于了解和沟通，坚持不断地进行感情交流，这样才能递增感情的亲密感和满意度。交流的方式不能刻意，要相互适应，根据对方的性格特征和具体场景，采取甜甜蜜蜜的话语、含情脉脉的凝视、卿卿我我的手语均可，当然，适度的吵吵闹闹、发发脾气也行，只要真诚相待，再加柔情似水，就一定能够达到交流的最佳效果。

(三)让生活有情趣

婚姻中丰富多彩的生活情趣，能够调节重复单调的生活，使夫妻间重获爱情滋味。夫妻一方允许有自己相对独立的生活情趣，但千万不要忘了与对方分享其中。如果唯我独尊、我行我素，长此以往，将使双方感情走向衰落，使婚姻蒙上不应有的阴影。

第二节　生命的孕育

人们都期望孕育健康的生命，其前提是能够正常妊娠，完成好孕育生命的初始阶段。孕育生命是一个神奇的过程，在精子、卵子结合的瞬间，一个新的生命便孕育生成，经过细胞分裂，生命在分分秒秒中不断成长。

一、人类生殖系统的功能

(一)男性生殖系统功能

(1)产生、成熟并输送精子(图 6-1)。

(2)分泌雄激素,参与内分泌的调节,能刺激男性相关器官的发育,维持第二性征(喉结、长胡子、长阴毛等)。

(3)把精子输送到女性的生殖器官阴道中去,经过艰难的冲刺运动到卵子旁(图 6-2),一般只有一个精子能与卵细胞结合。

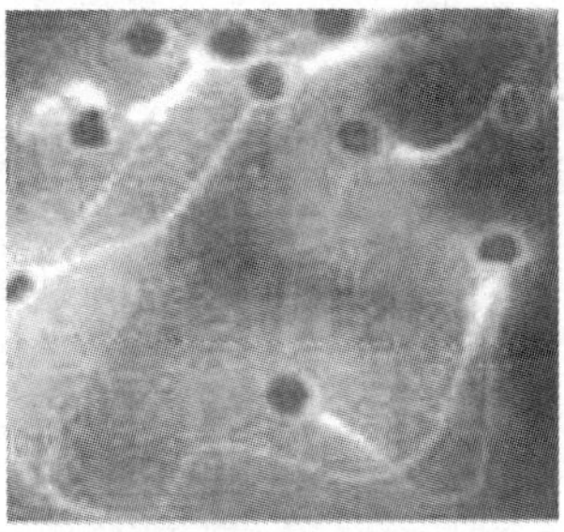

图 6-1　精子的形态

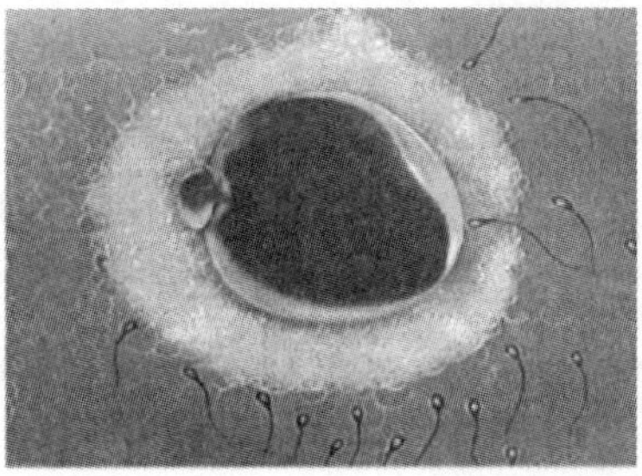

图 6-2　精子运动到卵子旁

(二)女性生殖系统功能

(1)产生卵子,女性的卵巢内产生卵子具有周期性,每一个周期中往往只有一个卵子发育成熟(图 6-3)。

(2)分泌雌激素,能刺激女性相关器官的发育,维持女性特征(乳房、臀部、皮下脂肪较厚等)和性周期。

(3)接受精子以及为受精卵和胚胎提供良好的发育环境等。

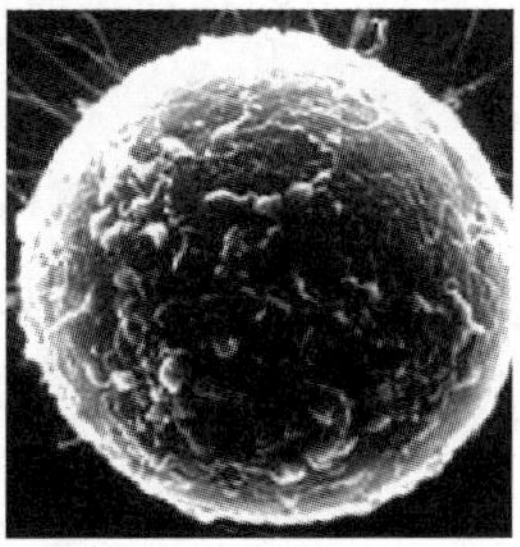

图 6-3　卵子

二、受精过程

精子和卵子结合叫受孕或受精。受孕过程为:性交时,男方的精液射入女方的阴道内,精子依靠尾部摆动向子宫游弋,然后再进入输卵管。男性每次射出的精液中含有数亿个精子,但绝大部分精子在阴道酸性环境中失去活力或死亡,只有极少数精子如跑步冠军一样,克服重重阻力率先到达输卵管(图 6-4)。

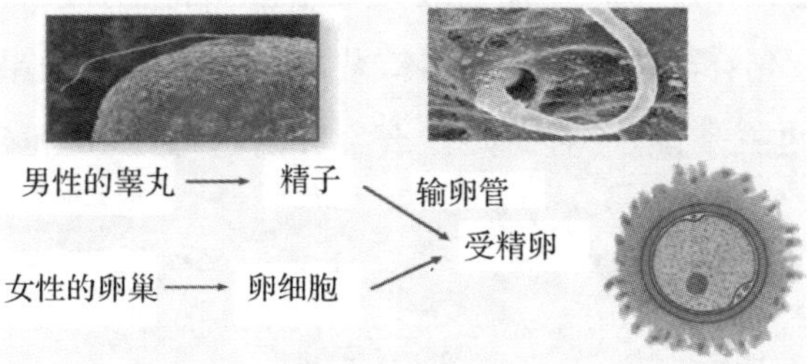

图 6-4　受精过程

妇女在育龄期，卵巢每月排出一个成熟的卵子，卵子排出后被输卵管伞捕获而进入输卵管。卵子排出后24小时以内，如在输卵管中遇到精子，其中只有一个精子能钻入卵子内受精。受精后的卵子为受精卵。受精卵在输卵管内一边发育一边逐渐向子宫腔移动，大约在受精后6～8天即可到达子宫腔植入子宫内膜里，并不断地吸取营养逐渐发育成为胎儿。

(一)受孕的条件

(1)男子的睾丸能产生正常的精子。正常成年男子一次射出的精液量为2～6ml，每毫升精液中的精子数应在6000万以上，有活动能力的精子在60%以上，异常精子在30%以下。如精子达不到上述标准，就不容易使女方受孕。

(2)女性的卵巢能排出健康成熟的卵子。月经正常的女性，每个月经周期都有一个健康成熟的卵子排出，这样才有机会怀孕。对于卵巢功能不全或月经不正常造成不排卵的女性，就不易受孕。

(3)在女性排卵期前后要有正常的性生活，使精子和卵子有机会相遇受精。精子在女性阴道内能生存1～3天，卵子排出后能生存1天左右，女性排卵时间在下次月经来潮前14天左右，在排卵前后几天内性交才有受孕的可能性。在非排卵期性交是不可能受孕的。

(4)生殖道需要通畅无阻。男性的输精管道必须通畅，精子才能通过正常性生活排出而进入女性生殖道与卵子结合。女性的生殖道也必须通畅，这样性交时进入阴道内的精子可以毫无障碍地通过宫颈、子宫到达输卵管与卵子相遇受精。受精卵也可以顺畅地进入子宫腔。若输卵管发生了堵塞，精子与卵子也就失去了结合的机会，所以一但输卵管堵塞，也就失去了自然受孕的机会。

(5)子宫内环境应适合受精卵着床和发育。卵子在输卵管壶腹部受精后，一边发育一边经输卵管向子宫方向移动，3～4天后到达子宫腔，6～8天就埋藏在营养丰富的子宫内膜里，然后继续发育为胎儿。受精卵发育和子宫内膜生长是同步进行的，如受精卵提前或推迟进入子宫腔，这时的子宫内膜就不适合受精卵着床和继续发育，也就不可能怀孕。

(6)正常生理情况下夫妇同居。未采取避孕措施，每个月受孕的机会为20%，半年怀孕的机会为70%，一年怀孕的机会为80%，若超过一年以上未采取避孕措施而不孕，则应进行医学检查。也就是说，一对夫妇什么生育问题都没有，也不是任意哪个月想怀孕都能如愿以偿的。

(二)受孕的时间

(1)一生中最佳的受孕时间：女性25～29岁，男性27～35岁。研究证实，高龄产妇

(35岁以上的产妇)受孕的概率和胎儿异常的发生率远远高于35岁以下的孕妇。另外，高龄产妇更易并发高血压、糖尿病等综合征，增加生育带来的风险。同样，错过最佳生育年龄的男性，不仅精子质量会下降，畸形率也有不同程度的增高。因此，想要宝宝的夫妻要切记"机不可失，时不再来"的公律，无论工作和生活有多忙，都不应该错过最好时期。

(2)一年中最佳的受孕时间：夏末秋初(7月底—9月初)是最佳时节。虽说一年四季都能怀孕，但从优生优育的角度来说，选中最佳的"天时"，对于受孕成功甚至对宝宝的健康成长会更有利。

(3)一月中最佳的受孕时间：医学研究证明，最佳的受孕时机是排卵后的12小时内。但无论采用哪一种监测排卵的方法，都只能测定大概会在哪几天排卵，很难知道卵泡在哪一天破裂。而且，卵子只能存活24小时，在排卵后同房，精子进入体内还需经历一个复杂的游动过程，这个过程所需的时间也无法精确测算。因此，一般不能让卵子等精子，而应在排卵前一周就同房一次，然后通过量基础体温或用排卵试纸等方法来预测排卵时间，并尽量在接近排卵时间同房，让精子先"出发"，去与卵子会合，这样受孕的成功率会更大些。

(4)一天中最佳的受孕时间：精力充沛又身心放松时。根据我们国家的生活习惯，夫妻同房时间适宜在晚上，但假如晚上夫妻双方都比较疲倦，可以在充分休息后的第二天早晨。也就是说，只要精力充沛、身心放松的时候，都应该是最佳受孕时间。

三、胚胎发育过程

受精卵吸收母体供给的营养，细胞很快分裂、增殖、发育。一部分细胞形成胚胎，发育为胎儿；另一部分细胞形成胎膜、羊水、脐带、胎盘，叫做胎儿附属物，保证胎儿的发育。胎儿在子宫内生长在一个完整的、充满着羊水的胎膜囊内。胎儿的脐部由脐带与胎盘相连，胎儿生长所需要的营养是通过胎盘从母体内摄取的。

一般我们将怀孕到新生命降临的整个过程，称为"十月怀胎"，在怀孕各月中胎儿的发育情况如图6-5所示。

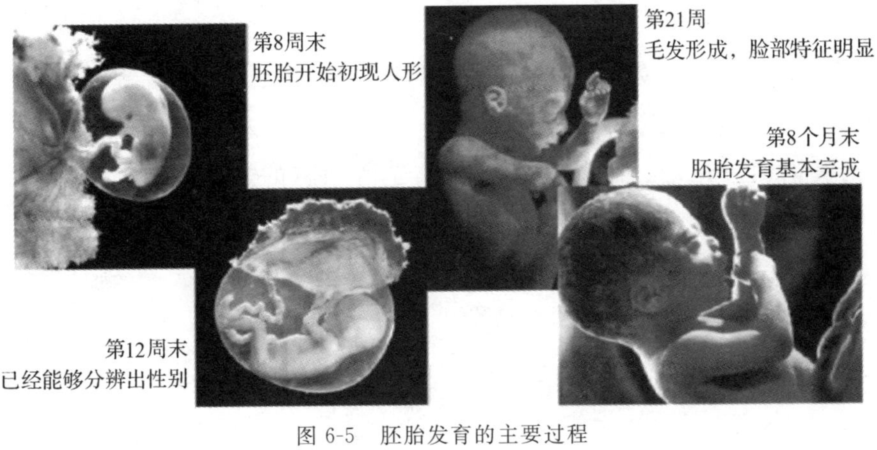

图6-5　胚胎发育的主要过程

(1)第 1 个月:这个月新生命的成长比任何时期都快,要比受精卵大一万倍。动脉、静脉已形成,且有血液流动;脑、肾、消化管已见雏形;脐带已开始工作;心脏形成且开始跳动。

(2)第 2 个月:胚胎外形已初步具备了人的模样。头占了全身的一半,胚胎颜面已显现出来,有舌及尚未成熟的牙床,臂上已有手指,腿上有了膝盖、足踝和脚趾,胚胎全身覆盖着一层薄薄的皮肤;大脑和性器官都开始发育,心脏跳动稳定,胃开始分泌消化液,肝脏开始制造血细胞;肾脏已开始工作,可排出血中的尿液;皮肤敏感性增强,对触觉刺激可做出反应。

(3)第 3 个月:胎儿的器官系统开始工作,可以呼吸也可以排泄,胎儿身长约 6～10cm,体重 50g 左右,外生殖器已开始发育,嘴能张、合、吞咽,四肢能够活动;对外界刺激能够发生反应。

(4)第 4 个月:胎儿身长约 13～17cm,体重 125g 左右;骨骼系统进一步发育,胎盘已完全形成;胎儿四肢活动能力增强,肌肉有所发育,孕妇能感到胎动。

(5)第 5 个月:头上长出了细茸的头发,眉毛和眼睫毛也长出来了,像绒毛似的胎毛覆盖全身;身长 20～30cm,体重 250～300g;在子宫里取得一个适宜的位置;如果把耳朵紧贴母亲腹部,能够听到胎儿的心跳。

(6)第 6 个月:胎儿身长 33cm 左右,体重 600～700g;皮下开始有脂肪;眼睛已完全长好,可以睁开和闭拢,还可环视周围,能正常呼吸,还有哭的表情,手可以攥成拳头。

(7)第 7 个月:胎儿身长约 40cm,体重可达 1000g,各器官发育齐全,已初步具备了生活能力。民间俗语“七上八下”,指的是七个月生下的婴儿也能存活。

(8)第 8 个月:胎儿身长已长到 43cm 左右,体重 1750g 左右,这时生长很迅速,几乎充盈整个子宫;由于活动空间变小,胎儿活动减少;胎儿皮下逐渐长出脂肪,准备适应子宫外的气温变化了。

(9)第 9 个月:胎儿身长已长到 50cm,体重达 2500g 左右,已具备出世的条件,如果在这时出生,存活机会更大。

(10)第 10 个月:胎儿发育成熟,叫足月胎儿或成熟儿。临产时新生儿的体重平均在 3000g 左右(“九斤姑娘”仅仅是个特例),身长达 50cm 左右,如果降临人世,那清脆的哭声、活泼的四肢运动、强烈的哺乳欲求、光滑细腻的皮肤,显示了无比强盛的生命力。

第三节　怀孕与避孕

怀孕与避孕

怀孕一般指妊娠，从受孕至分娩的生理过程。怀孕全过程分为3个时期：妊娠12周末以前称早期妊娠；第13～27周末称中期妊娠；第28周及其后称晚期妊娠。避孕是应用科学手段使妇女暂时不受孕。常用的避孕方法有避孕套、避孕膜、口服避孕药、安全期避孕法、体外排精避孕法、宫内节育器避孕法、手术避孕法等。

一、早期妊娠的诊断

(一)病史与症状

(1)停经：有性生活史生育年龄妇女，月经过期10日或以上，应疑为妊娠。停经可能是妊娠最早与最重要的症状。但需要注意的是，停经不一定就是妊娠。

(2)早孕反应：约半数妇女在停经6周左右出现畏寒、头晕、乏力、嗜睡、流涎、食欲不振、喜食酸物或厌恶油腻食物、恶心、晨起呕吐等症状，称早孕反应。早孕反应多半在妊娠12周左右自行消失。

(3)尿频：在妊娠早期出现，这是增大的前倾子宫在盆腔内压迫膀胱的结果。大约在妊娠12周以后，当宫体进入腹腔不再压迫膀胱时，尿频症状也就自然消失了。

(二)体征

(1)乳房的变化：自妊娠第8周起，乳房逐渐增大。孕妇明显感觉到乳房轻度胀痛及乳头疼痛，乳头及其周围皮肤(乳晕)着色加深。

(2)生殖器官的变化：在妊娠第6～8周，经阴道检查能见阴道壁及宫颈充血，呈紫蓝色。随妊娠进展，宫体增大变软，当宫底超出骨盆腔时，可在耻骨联合上方触及。

(三)辅助检查

(1)B型超声显像法：是检查早期妊娠快速准确的方法，在增大的子宫轮廓中，见到来自羊膜囊的圆形光环。最早在妊娠5周时可见到妊娠环。若在妊娠环内见到有节律的胎心搏动和胎动，可确诊为早期妊娠、活胎。

(2)妊娠试验：血、尿绒毛膜促性腺激素(HCG)阳性可协助诊断早期妊娠。

(3)基础体温测定：双相型体温的妇女，高温相持续18日不见下降，早期妊娠的可能性大。但基础体温曲线只能反映黄体功能，不能反映胚胎情况。

二、避孕的分类

避孕主要控制生殖过程中的三个环节，一是抑制精子与卵细胞产生，二是阻止精子与卵细胞的结合，三是使子宫的环境不利于精子获能、生存，或者不适宜受精卵着床和发育。

（一）安全期避孕法

安全期避孕法就是在排卵期内停止性生活的一种避孕方法。采用安全期避孕的关键是测定妇女的排卵日期。妇女的排卵日期一般在下次月经来潮前的14天左右，在排卵期的前五天和后四天里性交容易受孕，所以又称为危险期。

对于月经规律的女性，排卵期的判断相对简单，按月经周期来推算排卵期即可，即下次月经来潮前的第14天。但月经会随着身体的健康情况、环境改变及情绪波动等发生改变，这样按月经周期推算出来的排卵期就不够准确，故避孕失败率会很高。在通常情况下，这种方法仅适用于月经周期正常、夫妇长期生活在一起并能正确掌握推算安全期的女性使用。人们常说的“安全期不安全”是有道理的。因此，安全期避孕法一般不应作为避孕的首选方法。

（二）安全套避孕法

安全套也就是我们常说的避孕套，它的安全性体现在两方面：一方面，与安全期避孕法相比，避孕成功率高，如果使用得当，其避孕率可以达到95%以上；与口服避孕药等方法相比，因主要基于物理原理，所以使用安全套几乎没有副作用。另一方面，除了能避孕外，还能预防滴虫性阴道炎、霉菌性阴道炎、细菌性阴道炎，甚至生殖道疱疹病毒、尖锐湿疣、梅毒、艾滋病等性传播疾病。单从避孕角度讲，安全套是最为理想的避孕措施。

（三）口服药避孕法

口服避孕药的主要成分是人工合成的复方雌激素和孕激素。按避孕作用的时间长短不同，可分为长效、短效和速效（探亲）3种。目前最常用的是复方短效口服避孕药。

复方短效口服避孕药服用简便，避孕效果可靠，对人体无害，夫妻同房时感觉也舒适，且不影响今后生育。一般在月经来潮第5天晚饭后睡觉前服药，每天服一片，连服21天，停药7天，再开始下一个周期的避孕。

探亲避孕药适用于探亲连续居住10天以上的女性，可在同房后服用，不受月经周期限制。探亲超过两周应改服避孕药。

长效口服避孕药，初次服药在月经来潮的第5天午饭后服1片，间隔20天服第二次，以后就以第二次服药日为每月服药日期，每月服1片。

（四）针剂避孕法

也就是注射单纯孕激素避孕针，在月经来潮第5天注射一针，以后每3个月一次。

使用该针剂后，约有 2/3 的妇女有不规则的出血，所以一般应用于哺乳期女性。

(五)皮下埋植避孕法

这种方法是将一定剂量的孕激素放在硅胶囊中，然后将此胶囊埋藏于皮下，使其缓慢地释放少量的孕激素，从而起到避孕作用。胶囊埋入皮下组织后，立即开始缓慢地释放避孕药，24 小时后即可起到避孕作用，有效避孕时间为 5 年。在使用初期可能出现月经不准、经期延长、经量增多和月经失调等症状，个别的女性还会出现闭经。

一般 40 岁以下需要长期避孕的女性，凡身体健康的，都可采用该方法避孕。特别是使用节育环容易失败的、又不能按时服用避孕药的，以及对做绝育手术有顾虑的女性，尽可能采用皮下埋植避孕法。

(六)宫内节育器避孕法

这就是俗称的“上环”“放环”，一般用于产后女性，是常用的比较安全可靠的避孕方法，又不影响夫妻同房质量。少数女性“上环”之后，可能会有月经量增多、经期腹痛、子宫穿孔或诱发炎症。另外，有妇科炎症、月经不规律或量过多、生殖器肿瘤的女性不宜带环。是否“上环”，请遵医嘱。

(七)输卵管结扎避孕法

输卵管结扎术是把双侧输卵管结扎，阻断卵子通往子宫的通道，以达到妇女永久绝育目的的手术，也就是我们常说的女性“绝育”。该方法适用于期望永久绝育且无手术禁忌证的成年妇女。按当前国家的生育政策，一般不宜采取这一避孕措施。同时，只希望暂时性或可逆性避孕的妇女，也不适用这样的手术。

(八)输精管结扎避孕法

这是一种男性避孕方法，适用于期望永久绝育且无手术禁忌证的成年男性。输精管结扎手术比较简单，一般在医院门诊就可进行。按当前国家的生育政策，一般不宜采取这一避孕措施。同时，只希望暂时性或可逆性避孕的男性，也不适用该手术。

(九)紧急避孕法

如果你发生了无避孕的性生活，应立即采用紧急避孕法。该方法是指在发生没有采取避孕措施(无防护)或避孕失败(避孕套破裂或滑落、漏服避孕药等)、体外排精失败、遭到性暴力、误算安全期的性生活后，在有效时间内采用的一种避孕的补救措施，包括服药或放置宫内节育器，以此达到预防非意愿妊娠或减少流产的发生，所以紧急避孕又叫事后避孕，也叫应急避孕。紧急避孕药应该在性交后 72 小时内服用，现在临床上最常使用的紧急避孕药是左炔诺孕酮片，一般单次口服 1.5mg 即可。紧急避孕法仅仅是一种补救措施，不宜作为常规方法，只可偶然使用，因为紧急避孕法剂量大，副作用比较大，会引起恶心呕吐甚至月经不调，一年内不得超过服用 3 次，否则会引起习惯性流产。

三、安全套的正确使用

(一)使用方法

(1)每次同房(过性生活)时使用一只新的避孕套,应小心地打开包装,以免撕破避孕套。切记不要使用已损伤的避孕套,一旦发现应立刻更换。

(2)在往阴茎龟头上戴之前,事先千万不要展开它。那种用前先吹口气检查的传统方法,现如今已不再适用,现在只要是合格的避孕套,一般并无破损问题,且包装时已卷好,使用方便,如果用前打开,反而给戴套带来麻烦。

(3)在阴茎勃起后、进入阴道之前就应将避孕套戴在阴茎上。在戴避孕套前,应将其前端空气挤出,以保留前端的空间,用来盛装精液(图 6-6)。

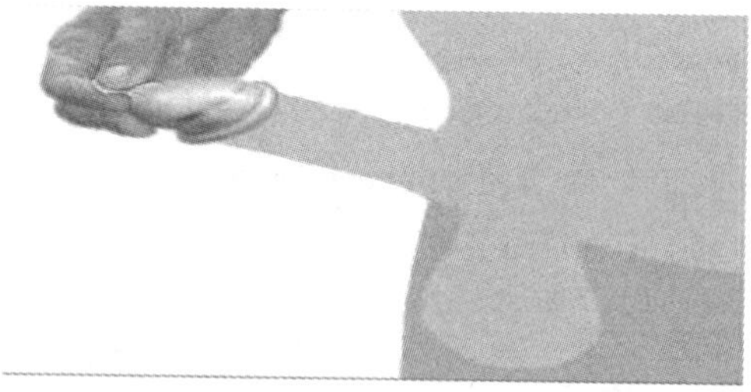

图 6-6　挤压避孕套的前端以排出里面的空气

(4)在展开避孕套直至阴茎根部时,需继续捏紧避孕套前端的空泡(图 6-7)。如果在戴套时看到有破口,或在使用时感到已经破了,应立即停下来换一个新的。这时夫妻双方特别是丈夫一定要有耐心,否则将导致“乐极生悲”。

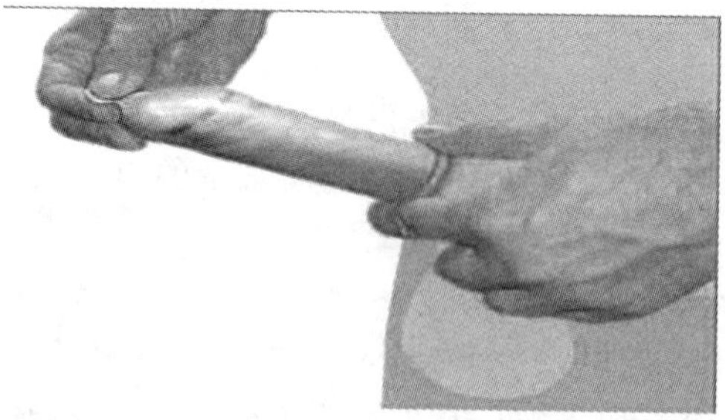

图 6-7　一只手抓住避孕套前端,另一只手将避孕套套向阴茎根部

(5)在射精之后,当阴茎还处在勃起状态时,必须捏紧它的根部,小心翼翼地将阴茎从阴道中抽出。慢慢地取下避孕套,特别要注意不能让精液漏出。

(二)注意事项

在取下避孕套时,不能让精液流出,也不要让避孕套外面的阴道分泌物接触身体。

每只避孕套只能使用一次，也就是“一次性”使用。用过的避孕套应装入塑料包装袋(盒)扔进垃圾筒(按垃圾分类要求)。取下避孕套的手指，可能会接触精液和阴道分泌物，因此同房(性行为)后不能再用手抚摸女性器官，应马上在流动水下用肥皂(或洗手液)洗手。如果出现精液进入阴道，那么应立刻采取紧急避孕法。

第四节 人工流产的常用方法和危害

妊娠3个月内用人工或药物方法终止妊娠，称为早期妊娠终止，也就是人们常说的人工流产。这种方法用来作为避孕失败、意外妊娠的补救措施，也用于因某些疾病不宜继续妊娠、为预防先天性畸形或遗传性疾病而需终止妊娠的女性。

一、人工流产常用方法

人工流产方法可分为两种，即手术流产和药物流产。常用的方法有负压吸引人工流产术、钳刮人工流产术和药物流产。

(一)负压吸引人工流产术

负压吸引人工流产术，简称负压吸引术。该方法适用于妊娠10周以内子宫，主要采用负压电吸引的方法，吸出早期妊娠产物即胚囊与蜕膜组织。在“一对夫妇只生一胎”的计划生育国策下，我国首创了该方法。这一手术相对安全、简便，因而在临床上也是常用的终止早期妊娠的方法。

适应证：①妊娠10周以内要求终止妊娠而无禁忌证的；②因某些疾病或遗传性疾病不宜继续妊娠的。

(二)无痛人工流产术

无痛人工流产术是指孕10周以内用人工方法加静脉麻醉终止妊娠的手术流产。这种方法同样是在避孕失败后的一种补救措施，决不能因为这种方式痛苦小而作为节育的手段。

适应证：①妊娠10周内自愿要求麻醉镇痛终止妊娠的；②因某种疾病(包括遗传性疾病)不宜继续妊娠、自愿要求麻醉镇痛终止妊娠的；③无负压吸引宫术、麻醉药及全身麻醉禁忌的。

(三)钳刮人工流产术

凡妊娠10～13周，要求终止妊娠或因疾病等特殊情况不宜继续妊娠或其他流产方法失败的。一般是用钳夹和负压吸引结合的手术方法终止妊娠，钳刮范围一般主张在妊娠 14 周之内。

适应证：①凡妊娠 10～13 周，要求终止妊娠或因疾病等特殊情况不宜继续妊娠的；②其他流产方法失败的。

(四)中期妊娠引产术

中期妊娠引产术是在怀孕 14～24 周人工终止妊娠的方法。因胎儿较大需要住院施术。

适应证：①凡妊娠 14～24 周，要求终止妊娠无禁忌证者；②因某种疾病，不宜继续妊娠者；③因某些遗传病或胎儿畸形等需要终止妊娠者。

(五)药物人工流产法

药物流产的优点是方法简便，不需宫腔操作，无创伤性。自 20 世纪 90 年代以来，该人工流产方法的药物日臻完善，比较成熟和常用的是米非司酮和前列腺素，完全流产率达 90%以上。

适应证：①确诊为正常宫内妊娠(末次月经停经天数≤49 天)，自愿要求使用药物终止妊娠的健康妇女，年龄 18～40 岁；②高危人流，比如生殖器官畸形(残角子宫除外)、严重骨盆畸形、子宫极度倾屈、宫颈发育不全或坚韧子宫、瘢痕子宫、多次人工流产等；③对手术流产有顾虑或恐惧心理的。

二、人工流产的危害

(一)生殖道易感染

不全流产或者流产前患有生殖道炎症者容易发生感染。吸宫不全、宫内残留物没有及时消除都会引起感染。一旦生殖道受感染，身心都要受到伤害，还会对夫妻性生活产生影响。

案例分析 6-2

一些外企有不成文的规定，女员工如果怀孕将会失去现在的职位，还有可能被炒鱿鱼。白女士结婚五年都不敢要孩子，避孕不当做过 3 次人工流产，其中一次人工流产后不注意个人卫生，生殖道出现了炎症，但一直没去医院看病，只是在药房买点消炎药。去年，白女士已经 34 岁了，她为了要孩子，专门辞了职，可就是一直怀不上。

思考：人工流产本是避孕失败后的一种补救措施。频繁的人工流产增加了感染的概率，导致生殖道出现炎症，还会使子宫内膜受到损害。等到真正想要孩子的时候，反倒怀不上了。

(二)不全流产并发症

不全流产并发症也是比较常见的一种并发症，常见于子宫过度倾屈、手术医生技术不够熟练或者绒毛蜕膜有粘连等情况，表现为术后阴道出血时间长、低热、腹痛等症状。如果不及时治疗、尽可能治愈，将留下严重的后遗症。

(三)对再次妊娠造成障碍

女性特别是未婚妇女如多产、反复流产，将造成子宫内膜反复受损。妊娠时，易发生前置胎盘，易引起产前产时大出血。也有一些女性，由于人工流产频率过高而出现习惯性流产，甚至继发性不孕。由此可见，应把适合的、有效的避孕措施放在首位，尽量避免人工流产。

(四)月经失调阴影

少数女性在药物流产之后，会发生月经失调，症状为月经周期缩短或延长，也就是不规则，且月经量增多。月经失调的后果是影响身体健康，还有就是排卵期难以测定。

第五节　优生优育

主要从优恋、优婚、优孕上着力，努力实现优生优育。优恋指的是在谈婚论嫁之前，要注意了解对方及其家庭成员身体健康方面的信息，是否有严重的疾病或家族遗传疾病，做到知己知彼，心中有数，以免因日后出现不孕或生下缺陷儿而导致夫妻关系不和谐、家庭不和睦，甚至破裂。优婚是指在完全知情的情况下结婚，这一点就要依赖于婚前的体检，如果对方有什么生理方面的疾病，可以在体检中提前获知，这样可以待疾病治愈了再结婚。优孕，就是在适宜的孕育年龄、身体状况良好、最佳的受孕时机怀孕生子，这样可以最大可能地远离影响胎儿发育的不利因素。

一、需要做好的积极事项

(一)努力选优配偶

在条件允许的情况下，尽可能选择血型匹配、性格协调、学历相当、年龄合适的配偶。为了减少遗传病的发生，需特别注意避免与直系血亲或三代以内的旁系血亲结婚。我们在日常生活中，经常会遇见表兄妹感情好而结婚的，这样生下的婴儿患先天性遗传性疾病的危险很大。从医学上看，最佳结婚年龄男方应为25～27岁，女方为23～25岁，因为最佳结婚年龄和最佳生育年龄是同步的，一旦结婚就意味着有生育的可能。相关统计资料显示，新婚夫妇如不采取避孕措施，约有80%以上的妇女在婚后一年内会受孕。

过早或过晚结婚也就意味着过早或过晚生育。

（二）主动婚前检查

接受婚前检查使男女双方有一个互相了解健康状况的机会，了解患过什么病、有无遗传病史等，避免将遗传病传给后代。同时，又可对被检查者进行性知识教育、婚后的生育安排、避孕措施指导等。这样做的目的主要从婚姻、家庭和孩子考虑的，将有利于夫妇婚后感情和谐，家庭和睦，下一代健康成长。

（三）重视孕前检查

如有下列情况之一的，夫妻双方一定要去做一次孕前检查。第一，如准妈妈的年龄超过了30岁，那最好进行一次孕前检查。第二，如果准爸爸、妈妈从未接种过乙肝疫苗，那最好进行孕前检查以查看体内是否有乙肝抗体。第三，如果准妈妈有过流产史，或者曾经有过死胎、死产等病史，那最好进行孕前检查。第四，如果准爸爸、妈妈其中一方有遗传病史，如家庭遗传病或传染病，那最好进行一次孕前检查。第五，如果准爸爸、妈妈的工作过程中要接触到放射性物质或者环境比较有害时，那最好进行一次孕前检查。第六，如果准爸爸、妈妈其中一方有着不良的生活习惯，如抽烟、酗酒、有吸毒史等，那就要进行孕前检查。第七，如果家中曾经饲养过小动物，那最好进行孕前检查，特别是准妈妈需要做脱畸检查。

（四）选择最佳育龄

临床医学研究表明，男女青年生命力旺盛的时期为25～29岁。一般以为，这也是生育的最佳年龄。这与我国的人口政策是一致的。生育过早，女性全身器官，尤其是生殖器官和骨盆还处于发育阶段，尚未完全成熟，妊娠和分娩的额外负担对母子双方的健康都不利，难产或造成一些并发症和后遗症的可能性大；生育过晚，不利因素会更多，年龄超过35岁，妊娠、分娩过程中会发生一些并发症，如宫缩乏力、产程延长、产道异常、产后出血甚至大出血等。此外，35岁以后，卵巢功能开始衰退，容易造成流产、死胎、畸胎等。同时，临床认为，男性的最佳生育年龄在25～35岁，因为这时的男人大多体力和精力充沛，身体各方面情况都比较好，精子质量和活性也是最好的时候。而随着男性年龄的增长，其精子活力也会逐步下降，源于精子的染色体突变造成的胎儿先天疾病发生率也会有所增加。精子活力随着男性年龄增长而逐步下降，这已经是学界的共识了。我国古代那些美丽传说（80岁老将军在外作战，正在腹背受敌之时，听后方来报又喜得贵子，进而扭转乾坤、得胜回朝），显然是不科学的。

（五）防止带病受孕

夫妻只要有一方在发病期间，如急性传染病未治愈前、重要脏器功能不佳或处于活动期（如严重心、肺、肝、肾疾病和结核病活动阶段等）都应暂缓受孕，特别是女方妊娠会使病情加重，疾病使生下的婴儿患先天性遗传性疾病的危险增大。分娩的并发症也会对胎儿生长发育不利。还有，在疾病尚未治愈前，势必需要使用药物，如镇静药、激素和抗生素等，这些都将影响胎儿发育。因此，父母的健康是优生之本，只有在夫妇双方都健康的前提下，才能考虑生育孩子的问题。

（六）接受遗传咨询

遗传咨询不可回避，目的是请专业医生对遗传病患者及其家属提出的有关遗传问题进行解答和指导。医生根据患者提供的情况及检查结果进行科学分析，对病因、遗传方式、治疗与预防等给予解答，并对其后代患病的可能性作出研判和忠告。因此，凡是家族中有遗传病史者，出生过畸形儿的夫妇及 35 岁以后怀孕的妇女，都应该接受遗传咨询，防止出生缺陷。

（七）做好孕期保健

要依照“衣要宽、味要淡、行要缓、居要安”的要求，无微不至地照料母体。保持身心健康，重视生活调理，不但能使孕妇本身顺利度过孕产期，而且还能为胎儿创造生长发育的最佳环境。所以，在孕期应该加强营养，注重劳逸结合，注意个人卫生，保持心情舒畅，并应节制性生活（特别是准爸爸要保持理性状态）。与此同时，尚须牢记“妊娠四忌”：预防感染；严禁烟酒；避免接触有害物质（射线、噪声、强光等）；切忌滥用药物。

（八）定期产前检查

通过产前检查这一途径，医务人员可以掌握孕妇的妊娠情况，并进行保健和优生咨询。在产前检查中，医务人员监测胎儿的情况，以便决定将来采用何种分娩方式，或者是否应该终止妊娠，避免难产或使畸形儿、痴呆儿及有严重先天性缺陷的婴儿出生。定期产前检查一般在停经第 6 周后就要进行了，首先确定是否真正怀孕。第二次检查是在妊娠第 12 周，以后每月检查 1 次。到怀孕 30 周以后，每月检查 2 次，第 36 周以后应每周检查 1 次。如发现异常情况，应按医生的嘱咐和指定的时间，接受严格的产前检查。

（九）保持良好心情

未来母亲的心情好坏，决定着下一代能否健康出生和成长。临床研究发现，孕妇情绪波动对胎儿会有很大影响。孕妇在怀孕 4～10 周如情绪过度不安，可能导致胎儿口唇畸变，出现唇腭裂。孕妇精神状态的突然变化，如惊吓、恐惧、忧伤或其他原因引起的精神过度紧张，能使大脑皮层与内脏之间的平衡关系失调，引起循环系统功能紊乱，导致胎盘早期剥离，甚至造成胎儿死亡。此外，当情绪不安时，胎动次数会较平常多 3 倍，甚至高达正常的 10 倍，如胎儿长期不安、体力消耗过多，出生时往往会比一般婴儿体重轻 1kg 左右，如孕妇与人争吵后 3 周内情绪一直不能平伏下来，其胎动次数会较之前增加 1 倍。在怀孕期若情绪长期受到压抑，婴儿出生后往往出现身体功能失调，特别是消化系统功能更加容易出现紊乱。另外，母亲的情绪起伏会刺激神经系统分泌不同的激素，通过血液进入胎儿体内，从而影响胎儿的身心健康。

二、需要避免的消极因素

（一）近亲结婚

一般来说，如果夫妻双方都是正常的，身体功能都是健全的，那么他们的宝宝绝大多数都是正常的。如果说夫妻有一方患有一些遗传性疾病，那么这个时候的宝宝也可能因为父母的因素而患有相关的疾病。特别是对于那些近亲结婚的夫妻来说，出现畸形婴儿的概率要比正常情况高很多。所以，亲上加亲的近亲结婚是不可取的。

（二）药物副作用

有很多临床数据证明，如果在怀孕期间服用了某些药物，会直接影响体内胎儿的生长发育，有时也会造成早产、流产或死胎等现象。

（三）精神压力

一个女性白领的工作、生活压力是可想而知的，殊不知，你的烦躁、焦虑、懊恼会在不知不觉中影响你的受孕能力。女性经常情绪波动，容易导致体内激素分泌紊乱，出现月经不正常、内分泌失调等症状，反过来更导致心理压力沉重，对人际关系敏感、焦虑、抑郁、偏执，长期以往，你的受孕能力就会变低，甚至导致不孕。要学会乐观对待荣辱，随时消除自己的不良情绪。一旦产生心理障碍，要积极进行心理疏导或心理治疗。孕妇在怀孕期间如果受到一些精神上的困扰，就可能会导致自身的内分泌紊乱，从而影响胎儿的正常发育，导致畸形等。

（四）环境状况

对于那些长期接触放射性物质或者长期接触一些化学物质的夫妻来说，长期的污染和辐射会对他们体内的细胞产生影响，所生下来的婴儿可能会有遗传缺陷。特别是在女性怀孕期间受到严重的感染，会导致胎儿身体受到损害，从而造成各种残疾和畸形的出现。

（五）陋习危害

不要吸烟，不要大量饮酒。母体必须健康是不容置疑的，将成为父亲的男性的健康状况也影响着新生命的素质，其中特别有害的是父亲体内的酒精。夫妻在开始实施怀孕计划之前，没有对自己的生活习惯进行调整，时常花天酒地、云里雾里，酒精、尼古丁会对男性的精子造成损伤，从而影响到胎儿的质量。

（六）活动状态

当前，人们对孕后保胎容易存在误区，那就是过渡强调“静养”，缺乏适当的运动。有的孕妇不是大部分时间卧床休息，就是连力所能及的家务也不做，或者孕妇自身不想动。其实，适当的运动对孕妇是有益而无害的，当然医嘱需要静养的除外。适当的运动并不仅限于健身房，室外随时随地的有氧运动更有助于孕力的保持和提高。在医嘱指导下，快走、慢跑、游泳、瑜伽可以是最佳运动，提高身体柔韧度，增强身体平衡感，并对身体内部器官有按摩的作用。坚持运动，会让孕妇看起来更年轻有活力，更重要的是增强免疫力。

思考题：

1. 为了提高婚姻质量，婚前应重点考虑哪些因素？
2. 为了做到优生优育，应注意哪些重要事项？

第七章　性传播疾病防治

性传播疾病

学习目的

通过本章的学习，要求掌握艾滋病、淋病、梅毒的病因、传播途径、主要临床表现及预防措施。了解生殖道沙眼衣原体感染、尖锐湿疣、生殖器疱疹、软下疳及性病性淋巴肉芽肿的传播途径和预防方法。

第一节　概　述

一、概念及分类

性传播疾病(sexually transmitted disease,STD)简称性病，是指各种通过性接触、类似性行为及间接接触传播疾病的统称。《中华人民共和国传染病防治法》规定：艾滋病、淋病、梅毒属乙类传染病。卫生部(现为国家卫生健康委员会)会制定的《性病防治管理办法》中所称性传播疾病包括梅毒、淋病、生殖道沙眼衣原体感染、尖锐湿疣、生殖器疱疹以及卫生部根据疾病危害程度、流行情况等因素，确定需要管理的其他性病等。艾滋病防治管理工作依照《艾滋病防治条例》的有关规定执行。世界卫生组织(WHO)将性传播疾病分为四级：①一级性病：艾滋病；②二级性病：梅毒、淋病、软下疳、性病性淋巴肉芽肿、腹股沟肉芽肿、非淋菌性尿道炎、性病性衣原体病、泌尿生殖道支原体病、细菌性阴道炎、性病性阴道炎、性病性盆腔炎；③三级性病：尖锐湿疣、生殖器疱疹、阴部念珠菌病、传染性软疣、阴部单纯疱疹、加特纳菌阴道炎、性病性肝周炎、瑞特氏综合征、B群佐球菌病、疥疮、阴虱病、人巨细胞病毒病；④四级性病：梨形鞭毛虫病、弯曲杆菌病、阿米巴病、沙门菌病、志贺菌病。

二、现状

据世界卫生组织报告，当今世界 15 岁至 49 岁的人群中平均每天有 100 万人染上性传染疾病，一年达 3.76 亿人，全球每 25 人中就有 1 个染上过性传播疾病，严重影响着全人类的健康。新中国成立前性传播疾病曾广泛流行，经积极防治，到 20 世纪 60 年代初，全国除个别地区外，性传播疾病已基本被消灭。进入 20 世纪 80 年代以后，随着社会经济改革开放和旅游业的发展，人口大量流动，卖淫、嫖娼、吸毒等行为的出现，使得性传播疾病患者在我国迅速增加，流行范围日益扩大并呈持续蔓延的趋势。由于性病和艾滋病知识的广泛宣传，我国性传播疾病的流行从 2002 年开始总体趋于减少，但我国性传播疾病患病率在高危人群(包括卖淫嫖娼者、吸毒者、多性伴侣者、婚外恋者、同性恋者及性病患者的性伴等)中一直呈上升趋势，如艾滋病、梅毒患者的数量呈现增长趋势。自 1985 年我国发现首例艾滋病患者以来，感染者与日俱增，目前感染人数已过百万，艾滋病的感染途径也由原来的以血液传播为主转化为以性传播为主。目前我国性传播疾病具有隐蔽性、传播速度快、流行范围广、有明显的高危人群及可以由多种微生物引起等特点，性传播疾病疫情形势十分严峻。2019 年全国法定传染病疫情报告：梅毒、淋病的发病数居乙类传染病中的第三和第四位，艾滋病居死亡数首位，性传播疾病已经成了我国突出的社会问题，性病防治工作将是一个十分艰巨而长期的任务。

性传播疾病是危害人类最严重、发病最广泛的一种传染病，它不仅危害个人健康，还殃及家庭、贻害后代、危害社会。性传播疾病对人体健康的损害是多方面的。感染性传播疾病后如果不能及时发现并彻底治疗，不仅可损害人的生殖器官，导致不育，有些性传播疾病还可损害心、脑等人体的重要器官，甚至导致死亡。有些性传播疾病一旦染上是难以治愈的，如艾滋病、尖锐湿疣、生殖器疱疹。有相当一部分的性传播疾病患者症状较轻或没有任何明显的症状，但能通过各种传播途径传给其他健康人。性传播疾病的流行还给家庭带来严重危害，例如淋病，通常是性伴中的一方由于某种原因而感染上，然后通过性生活，传染给对方，家中的孩子或是通过母婴途径传播，或是通过日常生活的接触而被感染，殃及全家。

思考：性病的高危人群有哪些？哪几种性病属于乙类传染病？

第二节　常见性病防治

Ⅰ.淋　病

一、定义

淋病(gonorrhea)是由奈瑟淋球菌(简称淋球菌)(图7-1)感染所致的以泌尿生殖系统化脓性炎症为主要临床表现的传染病,是我国法定乙类传染病。淋病是一种古老而又常见的性病。淋球菌生长适宜温度为37～38℃,淋球菌不耐热,55℃ 5分钟立即死亡,干燥环境存活1～2小时,附着在衣裤和卧具上的淋球菌最多只能生存24小时,一般消毒剂易将其杀死。

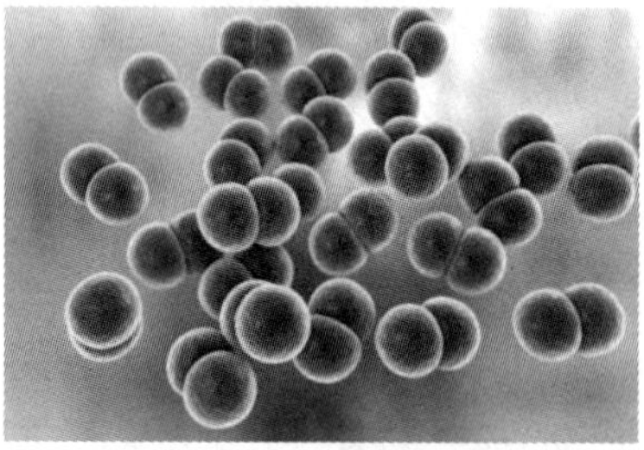

图7-1　奈瑟淋球菌

二、流行状况

淋病是世界各国发病率最高的性传播疾病,据世界卫生组织报道,全球每年约有1.06亿人感染淋病,以欧美和非洲一些国家最高,在美国每年就有约70万人感染淋病,是严重的全球公共卫生问题。1964年,我国已基本消灭淋病,但自1975年以后,淋病又死灰复燃,患者逐年增多,以上海、浙江、广东地区多发,7—10月份发病率最高,至1999年达发病高峰,发病率22.78/10万,经过采取一系列有效防控措施,发病率呈逐年下降趋势,2019年报告117938例,发病率8.45/10万。据报道,淋菌对抗生素头孢菌素产生抗药性,这一现象可能对公众健康构成威胁。

三、传播环节

(一)传染源

淋病患者是传染源,其生殖道内存在着大量的淋球菌。

(二)传播途径

主要通过性接触传播,成人特别是男性淋病患者中20%～30%属于性交传染。淋病可通过接触被淋球菌污染的衣服、被褥、便盆、医疗器械而间接传染,特别是幼女常通过间接途径而被感染,妊娠期淋病患者可引起羊膜腔内感染,包括胎儿感染。新生儿可通过患淋病孕妇的产道而被感染。

(三)易感人群

感染人群中以青壮年为主。据报道，一次性交男性传染给女性的概率为50%～90%，女性传染给男性的概率为25%～50%，感染率与性交次数呈正比。

四、临床表现

潜伏期为1～10天，平均3～5天，有5%～20%的男性、60%的女性无明显临床症状。

(一)男性淋病

男性淋病主要有6型。

(1)淋菌性尿道炎：表现为急性尿道炎，90%感染者有症状，初起表现为尿道口红肿，发痒，轻微刺痛，并有稀薄透明黏液流出，约2天后分泌物黏稠，为深黄色或黄绿色脓液，并有尿道刺激症状，可伴腹股沟淋巴结炎、包皮炎、包皮龟头炎或嵌顿包茎。

(2)附睾炎：发生于5%～10%未经治疗的男性淋病患者，表现为附睾触痛和肿胀。

(3)淋菌性前列腺炎：淋球菌进入前列腺排泄管，引起急性前列腺炎，出现发热，寒战，会阴疼痛及排尿困难，前列腺肿胀、压痛。

(4)男性同性恋淋病：男性同性恋患者中的咽部和直肠淋球菌感染极为常见。

(5)淋菌性咽炎：咽部淋球菌感染率约为20%，但此类感染中又有80%无症状，只有少数患有轻微咽痛红肿，咽后壁或扁桃体隐窝淋球菌培养阳性。

(6)成人淋菌性眼炎：成人很少发生，一旦发生则很严重，淋球菌化脓性结膜炎可进一步损害角膜，其他还可出现阴茎水肿、尿道周围脓肿或瘘管、精囊炎、尿道狭窄。

(二)女性淋病

症状较轻，急慢性症状不易区分，宫颈内膜、尿道是最常受累的部位。直肠、阴部症状轻微且少见。

(1)淋菌性宫颈炎：多数无症状，症状表现为阴道分泌物异常和增多，不正常的经期出血，中下腹疼痛和触痛，妇检可见宫颈红肿和脓性分泌物。

(2)急性尿道炎：常见于性交后2～5天出现尿急、尿频、尿痛，检查发现尿道口红肿，溢脓。

(3)急性输卵管炎：有时有性交痛，急性发作时有下腹痛和盆腔痛，阴道有脓性分泌物，可发热，妇检可见肿胀或出现肿块。

(4)前庭大腺炎：急性感染时腺管周围有红晕，大阴唇后1/3处有脓液渗出，腺管堵塞可引起前庭大腺脓肿。

(5)盆腔炎:包括子宫内膜炎、输卵管炎、卵巢脓肿和盆腔腹膜炎中的任一组合。

(6)肝周围炎:淋球菌向上蔓延至上腹部可引起肝周围炎。

(7)继发输卵管卵巢脓肿:表现为腹痛突然加剧,出现腹膜刺激症状,肠鸣音减弱,提示脓肿破裂及腹膜炎,慢性反复发作可导致卵巢狭窄、增厚、粘连、阻塞,引起不孕或宫外孕。

(三)播散性淋球菌感染

占淋病患者的1%～3%,潜伏期7～30天,轻者起病缓慢,伴轻微关节痛,多无皮肤损害,重者呈暴发经过,伴高热、寒战甚至虚脱等,并出现关节炎-皮炎综合征,表现为皮肤斑丘疹、水疱、结节性红斑、多形红斑样皮损、瘀斑、脓疱、出血性或坏死性皮肤损害、关节炎(出现迁移性不对称性,多关节疼痛、肿胀以及化脓性关节周围炎)。也可有淋菌性阴道炎、心内膜炎、肝炎、脑膜炎等。

五、诊断

(一)接触史

患者有婚外性行为或嫖娼史,性伴有感染史,与淋病患者共用物品史,新生儿母亲有淋病史。

(二)临床表现

有淋病的主要症状:尿频、尿急、尿痛、尿道口流脓或宫颈口阴道口有脓性分泌物等。或有淋菌性结膜炎、直肠炎、咽炎等表现,或有播散性淋病症状。

(三)实验室检查

涂片检查对男性急性淋菌性尿道炎有诊断意义,女性患者可进行淋球菌培养、基因诊断(聚合酶链反应)以确诊。

六、治疗

(1)应遵循及时、足量、规则用药的原则,根据不同病情采用相应的治疗方案。

(2)治疗药物应根据各地药源及淋球菌对抗生素敏感情况,参考国家标准推荐的治疗方案进行选择。

(3)性伴如有感染应同时接受治疗。

(4)判愈标准为治疗结束后两周内,在无性接触的情况下:

①症状和体征全部消失;

②治疗结束后4～8天内从患病部位取材,做涂片和培养均为阴性。

(5)对尿道、宫颈、直肠和咽部淋球菌感染推荐用头孢曲松、环丙沙星(孕妇、儿童及肝肾功能障碍者忌用)、多西环素(孕妇禁用)、阿奇霉素、大观霉素。

(6)对淋菌性眼炎以及播散性淋球菌感染患者上述药物应加大剂量和延长疗程。

(7)由于过敏、不能耐受或妊娠等禁忌,不能应用头孢菌素、喹诺酮类或四环素类者应以大观霉素治疗。

七、预防

(一)管理传染源

要切实执行乙类传染病的管理规定,发现患者及时隔离治疗,包括无症状或症状轻微者及其性伴侣同时彻底治疗至痊愈为止。提供咨询服务及进行性接触者追踪,未治愈前应避免性生活,以免传染给配偶及他人。注意个人卫生,不与家人、小孩尤其女孩同床。患者的衣物、毛巾、床单等煮沸消毒,浴盆、便盆等用消毒剂消毒。出现淋病可疑症状者应去正规医院诊治,一旦明确诊断,需充分配合医生彻底治疗。

(二)切断传播途径

遵守性道德规范,杜绝不正当的性行为,避免不洁性行为。推广使用安全套。提倡淋浴,经常清洗阴部和手,不用手揉擦眼睛。

(三)保护易感者

加强疾病健康宣教,提高高危人群对性病的防范能力。为预防新生儿淋菌性眼炎,积极治疗感染的孕妇。新生儿出生后一小时以内用0.5%红霉素眼膏或1%硝酸银眼药水点眼一次进行预防。

思考:淋病的病原体是什么,传播方式有哪些?如何治疗?

Ⅱ.梅　毒

一、定义

梅毒(syphilis)是由梅毒螺旋体(TP)(图7-2)感染引起的侵犯多系统、多器官的慢性传染性疾病,是我国法定乙类传染病。绝大多数梅毒通过性途径传播,以阴部糜烂、皮疹、皮肤溃烂、瘙痒、痴呆为主要表现。煮沸、干燥、肥皂水及一般消毒剂均可短期内将梅毒螺旋体杀死,在潮湿器具或毛巾上可存活数小时,37～41℃

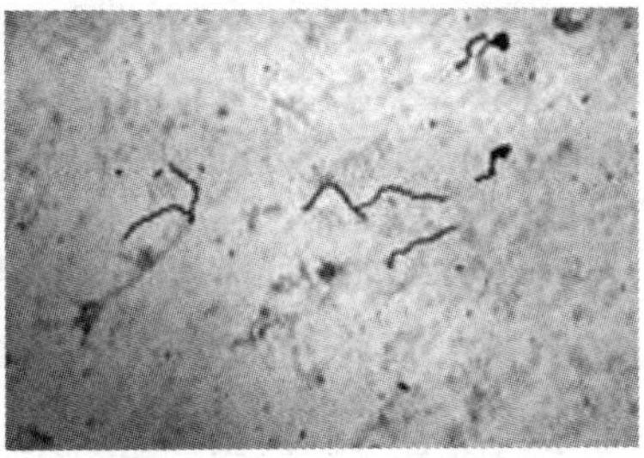

图7-2　梅毒螺旋体

可存活2小时，48℃可存活半小时，100℃立即死亡，但耐寒力强，0℃可存活48小时，－78℃冰箱保存数年仍维持形态、活力和致病力。

二、流行状况

梅毒在全世界流行，据世界卫生组织估计，全球每年约有1200万新发病例，主要集中在南亚、东南亚和次撒哈拉非洲，每年有200万孕妇感染梅毒，这些女性2个人中就有1个会将梅毒传染给胎儿。在我国，20世纪60年代初基本消灭梅毒，80年代再次发生和流行，1997年以来呈明显增多趋势，2008年报告257474例；胎传梅毒从1997年的100例增加到2006年的5999例，目前发病率仍居高不下，已成为我国发病率最高的性病之一，2019年报告535819例，发病率38.37/10万，死亡42例。

三、传播环节

(一)传染源

显性和隐性梅毒患者是传染源。感染后最初两年最具传染性，2年后基本不通过性传播。梅毒螺旋体可通过胎盘传给胎儿，并在感染2年后仍有传给胎儿的危险。

(二)传播途径

性接触是主要传播途径，约占95%以上，也可通过接吻、哺乳、输血、直接接触感染，少数可因接触带梅毒螺旋体的剃刀、毛巾、医疗器械而间接传染。

(三)易感人群

人群普遍易感，母亲是感染者的婴儿及多个性伴侣者为高危人群。

四、临床表现

可分获得性(后天)梅毒和胎传(先天)梅毒。根据病程长短分为早期梅毒(2年之内)和晚期梅毒(大于2年)。临床表现为一期梅毒、二期梅毒、三期梅毒和潜伏梅毒。

(一)后天梅毒

潜伏期一般为2～4周。

(1)一期梅毒：标志性临床特征是硬下疳，感染梅毒螺旋体后7～60天出现。外生殖器部位发生暗红色硬肿块(有软骨样硬度)，无痛无痒，呈圆形或椭圆形，略高出皮面，呈糜烂面或浅溃疡，1～2周时可出现腹股沟或附近淋巴结肿大，持续4～6周可自愈。

(2)二期梅毒：以二期梅毒疹为特征，发生在一期梅毒1～2个月之后。由于部分梅毒螺旋体进入血液循环，播散到全身各系统，如皮肤黏膜、肝、脾、骨骼及神经系统，出现各种临床表现，80%～95%的患者可发生皮肤梅毒疹，全身皮肤对称泛发斑疹、丘疹、脓疱疹及扁平湿疣等，约50%的患者在唇、口腔各部位、扁桃体及喉部出现黏膜斑，部分患者还可出现骨关节、眼、神经系统的损害。可自行消退，但反复发作，传染性强。

(3)三期梅毒(晚期梅毒)：发生在感染后2～3年甚至10年。1/3的显性梅毒螺旋体感染发生三期梅毒，其中，15%为良性晚期梅毒，15%～20%为恶性晚期梅毒。

三期梅毒的临体表现有：

①皮肤黏膜损害：结节性梅毒疹好发于头皮、肩胛、背部及四肢的伸侧。树胶样肿常发生在小腿部，形成深溃疡，萎缩样瘢痕；发生在上额部时，组织坏死，穿孔；发生于鼻中隔者则骨质破坏，形成马鞍鼻；发生于舌部者为穿凿性溃疡；阴道损害为出现溃疡，可形成膀胱阴道漏或直肠阴道漏等。

②近关节结节：是梅毒性纤维瘤缓慢生长的皮下纤维结节，对称性，大小不等，质硬，不活动，不破溃，表皮正常，无炎症，无痛，可自消。

③心血管梅毒：主要侵犯主动脉弓部位，发生主动脉瓣闭锁不全，即梅毒性心脏病。

④神经梅毒：发生率约10%，多发生于感染梅毒螺旋体后10～20年。可发生梅毒性脑膜炎、脑血管梅毒、脑膜树胶样肿、麻痹性痴呆、脊髓痨等。

(4)潜伏梅毒：凡有梅毒感染史，无临床症状或临床症状已消失，除梅毒血清阳性外无任何阳性体征称为潜伏梅毒。

①感染时间在2年以内者称早期潜伏梅毒。

②感染在2年以上者称晚期潜伏梅毒。

③感染时间不明确称为病期不明确潜伏梅毒。

(二)先天梅毒

孕妇发生梅毒，梅毒螺旋体通过胎盘或脐静脉传给胎儿，形成婴儿先天梅毒。孕妇可因发生小动脉炎导致胎盘组织坏死，造成流产、早产、死胎，但近1/6可生出健康儿。先天梅毒可分早期先天梅毒、晚期先天梅毒、先天潜伏梅毒，特点是不发生硬下疳。

(1)早期先天梅毒：2岁以内发病者称早期先天梅毒，婴儿通常早产，有营养障碍、消瘦、烦躁等症状，皮肤干皱，脱水，老人貌，哭声低弱嘶哑，严重者贫血，发热，多在出生后3周发生皮肤黏膜损害，出生后1～2个月内出现梅毒性鼻炎，出生后6个月内出现骨软骨炎，严重者骨骺端肿胀压痛出现梅毒性假瘫、骨膜炎、梅毒性指炎、早期先天内脏梅毒(常全身淋巴结肿大、肝脾大、肾病综合征、贫血等症状)、早期先天神经梅毒(常于出生后3～6个月出现脑膜炎，1/3可有脑水肿)。

(2)晚期先天梅毒：多在2岁以后发病，到13～14岁才有多种症状，晚发症状可于20岁左右出现，损害大致与晚期后天梅毒相似，除可出现皮肤黏膜、中枢神经系统和心血管系统损害外，还可影响儿童生长发育。

五、诊断

(一)接触史

有不安全的性接触史、孕产妇梅毒感染史、不洁输血史。

(二)临床表现

有各期梅毒相对应的症状。潜伏梅毒则无明显临床表现。

(三)实验室检查

(1)暗视野显微镜检查:患者可疑皮损(如硬下疳、扁平湿疣、湿丘疹等)在暗视野显微镜下可见运动的梅毒螺旋体,可作为梅毒的确诊依据。

(2)梅毒血清学试验:

①非螺旋体抗原检测:有快速血浆反应素环状卡片试验(RPR)、甲苯胺红不加热血清学试验(TRUST)等,属定量试验,用于判断疗效、判断病情活动程度。

②梅毒螺旋体特异性抗原检测:有梅毒螺旋体颗粒凝集试验(TPPA)、梅毒螺旋体酶联免疫吸附试验(TP-ELISA)等,特异性强,用于诊断梅毒螺旋体感染的证据。

③梅毒螺旋体 IgM(TP-IgM)抗体检测:TP-IgM 抗体不能通过胎盘,如果婴儿 TP-IgM 阳性则表示婴儿已被感染,因此,TP-IgM 抗体检测对诊断婴儿的胎传梅毒意义很大。

④脑脊液检查:对神经梅毒的诊断、治疗及预后的判断均有帮助。检查项目包括细胞计数、总蛋白测定、RPR 及 TPPA 等。

六、治疗

首选青霉素,剂量足够,疗程规则,越早治疗效果越好,治疗后跟踪观察。性伙伴同查同治,治疗前和治疗期间禁止性交。早期梅毒经彻底治疗可痊愈并去除传染性,晚期梅毒治疗可消除组织内炎症,但已破坏的组织不会自然修复,留有后遗症。青霉素过敏者可选用苄星青霉素、多西环素等。晚期出现心血管梅毒、神经系统梅毒时应住院治疗。梅毒治疗后第一年内应每 3 个月复查血清一次,以后每 6 个月一次,共 3 年,末次复查包括检查脑脊液。神经梅毒和心血管梅毒应终身随访。

七、预防

(一)管理传染源

要切实执行乙类传染病的管理规定,发现患者及时上报,并进行彻底的隔离治疗,同时还必须对性伴侣、患者家属、子女进行血清学监测检查,提供咨询服务,3 个月内凡是接触过梅毒的性伴侣应予检查，必要时按早期梅毒进行治疗。做好梅毒患者家庭管理，包括衣物、毛巾、被褥的清洗，水池、浴具和便具的消毒等。出现梅毒可疑症状者应去正规医院诊治，一旦明确诊断，需充分配合医生彻底治疗。

(二)切断传播途径

遵守性道德规范，杜绝不正当的性行为，避免不洁性行为，推广使用安全套。献血要去正规采血点，输血前须先确认血液的安全性。早期梅毒治愈前禁止性生活，如孕妇被感染了梅毒，最好是选择流产。

(三)保护易感人群

加强健康教育，提倡洁身自爱，不搞性乱，提高人群防范性病的意识。加强高危人群及在婚检、产前、就业和各行业健康检查时进行梅毒血清学检查，以期及时发现患者并可防止胎传梅毒的发生。

思考：梅毒的病原体是什么？如何进行治疗和预防？

Ⅲ.生殖道沙眼衣原体感染

一、定义

生殖道沙眼衣原体感染是指由沙眼衣原体（图7-3）引起的以泌尿生殖道部位炎症为主要表现的性传播疾病。沙眼衣原体有不同的亚型，引起泌尿生殖道感染的主要是D～K型。沙眼衣原体感染主要引起慢性炎症，造成组织损伤，后期还可以形成瘢痕，影响器官的功能。沙眼衣原体革兰染色阴性，是一类在细胞内寄生的微生物，大小为250～450nm。沙眼衣原体不耐热，在室温下迅速丧失其传染性，加温至50℃，30分钟即可将其杀死。但其耐寒，−70℃下能存活数年，液氮内可保存10年以上，冰冻干燥保存30年以上仍可复苏。常用的消毒剂如0.1%甲醛、0.5%石炭酸可将沙眼衣原体迅速灭活，75%乙醇杀灭力很强，半分钟即有效。沙眼衣原体对利福平、氯霉素、红霉素均敏感。

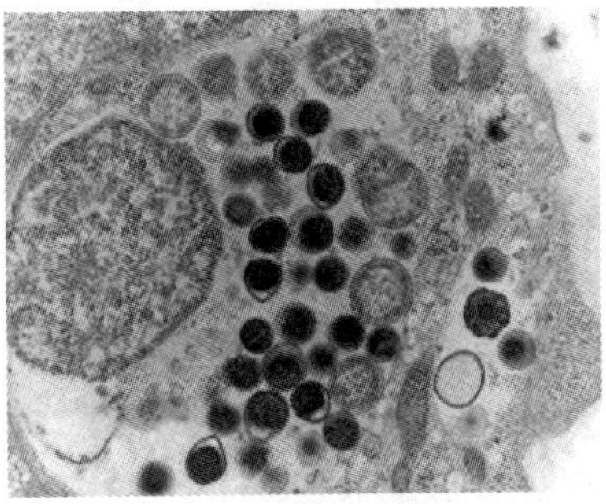

图7-3　沙眼衣原体

二、流行状况

生殖道沙眼衣原体感染已成为全球性公共卫生问题。生殖道沙眼衣原体感染在发达国家和发展中国家均极为常见。在很多国家生殖道沙眼衣原体感染的发病数逐年上升。据世界卫生组织报道，全球每年约有1.31亿新增生殖道沙眼衣原体感染病例。在美国，2015年新发病例达152万，较2014年增长5.9%。在我国，生殖道沙眼衣原体感染是常见的性病之一，105个性病监测点报告生殖道沙眼衣原体感染发病率由2008年的32.48/10万增长到2015年的37.18/10万，以年均2%的比例持续增长。此外，目前人们对生殖道沙眼衣原体感染的认识薄弱，预防意识不足，50%～70%的沙眼衣原体感染者表现为无症状感染，可导致病原体的逆行感染并对组织产生持续性破坏，引起严重的并发症。生殖道沙眼衣原体感染与宫颈炎、不孕不育、异位妊娠、输卵管堵塞和早产等密切相关，严重影响人类的生殖健康。

三、传播环节

（一）性传播

在成人，生殖道沙眼衣原体感染的传播途径通常是经过性传播。

（二）手-眼接触传播

将生殖道分泌物接种至眼部，可导致包涵体结膜炎。

（三）母婴间传播

孕妇感染后可发生围产期传播，通过宫内感染、产道感染等传染给新生儿。

四、临床表现

生殖道沙眼衣原体感染的临床表现特征是慢性经过。有很多感染者无明显临床表现，但可引起严重的后遗症，也是主要的传染源。

（一）男性感染

（1）主要为尿道炎，潜伏期1～3周，表现为尿痛、尿道不适、尿道黏液性或黏液脓性分泌物等症状。

（2）附睾炎，表现为一侧附睾疼痛、肿大，局部触痛。炎症明显时，阴囊表面的皮肤充血、发红、水肿。

（3）睾丸炎，阴囊明显肿胀、潮红、剧痛，输精管变粗。

（4）前列腺炎，可无明显症状，也可出现腰酸、下腹坠胀等。

（5）直肠炎，主要发生在男性同性性行为者，尤其是被动肛交者中。轻者无症状，重者出现直肠疼痛、出血、腹泻及黏液性分泌物。

（二）女性感染

70%～90%的妇女宫颈沙眼衣原体感染无症状，可持续数月至数年。

(1)宫颈炎,可出现阴道分泌物异常,非月经期或性交后出血。

(2)盆腔炎,表现有下腹痛、性交痛等,长期持续的感染可导致不孕、宫外孕(异位妊娠)和慢性下腹痛。

(3)尿道炎,症状有排尿困难、尿频、尿急等。

(4)孕妇生殖道沙眼衣原体感染可增加早产、低出生体重和胎膜早破的危险性。如未经有效治疗,可传染给新生儿,引起新生儿眼炎及肺炎。

五、诊断

(一)接触史

有性接触史或性伴感染史。

(二)临床表现

男性有尿道黏液性或黏液脓性分泌物,尿痛、尿道不适等症状;女性有阴道分泌物异常,宫颈管黏液脓性分泌物。

(三)实验室检查

沙眼衣原体阳性,可诊断沙眼衣原体感染。由于沙眼衣原体感染无症状者较多,因此实验室检查十分重要。

(1)涂片,显微镜检查可用于新生儿眼结膜刮片的检查,但不适用于泌尿生殖道沙眼衣原体感染的检查。

(2)细胞培养法,是检测沙眼衣原体感染最特异的方法,可用作证实试验和治疗后的判愈试验。需一定的实验设备。

(3)直接免疫荧光法和酶联免疫吸附试验,是比较实用的检测方法,但敏感性不够,可能会漏检。

(4)快速免疫层析试验,已有商品化试剂盒用于沙眼衣原体感染的快速诊断,可在半小时内出结果,缺点是敏感性不够。

(5)核酸扩增试验,用于诊断沙眼衣原体感染的聚合酶链反应(PCR)已有商品化试剂盒。此法敏感性和特异性都非常高。

六、治疗

(一)治疗原则

早发现,早治疗,用药足量、足疗程。性伴需同时治疗。

(二)治疗方案

成人沙眼衣原体尿道炎、宫颈炎、直肠炎,常用治疗方案为:阿奇霉素,单剂口服,或多西环素，每日 2 次，共 7～10 日。其他可以选用的药物包括米诺环素、红霉素、罗红霉素、克拉霉素、氧氟沙星、左氧氟沙星、司帕沙星等。可以根据具体情况选择使用。

(三)性伴的处理

在患者出现症状或确诊前的 2 个月内的所有性伴均应接受检查和治疗。患者及其性伴在完成治疗之前应避免性行为。

七、预防

(1)提倡行为改变，如不搞非婚性行为、推迟首次性交年龄、减少性伴的数目、慎重选择性伴、使用安全套等。

(2)如果有非婚性行为或其他不安全的性行为，或者有可疑的尿道症状、白带异常，应该及时去正规医院就诊，做相关的检查，及早诊断，及时治疗，避免发生合并症和后遗症。

(3)随访：

①微生物学随访：对于使用阿奇霉素或多西环素治疗的患者，在完成治疗后一般无须进行微生物学随访。有下列情况时考虑做微生物学随访：症状持续存在；怀疑再感染；怀疑未依从治疗；无症状感染；红霉素治疗后。

②判愈试验的时间安排：抗原检测试验于疗程结束后第 2 周进行；核酸扩增试验于疗程结束后第 4 周进行。建议女性患者在治疗后 3～4 个月再次进行沙眼衣原体检测，以发现可能的再感染，防止盆腔炎和其他并发症的发生。

Ⅳ.尖锐湿疣

一、定义

尖锐湿疣(pointed condyloma)是由人乳头瘤病毒(HPV)(图 7-4)感染所致的以肛门生殖器部位增生性损害为主要表现的性传播疾病，其别名有肛门生殖器疣、生殖器疣和性病疣等。HPV 有 120 多种不同的亚型，其中超过 40 种可以感染肛门生殖器，约 90%的感染无症状或在 2 年内自行消除。临床肉眼可见的尖锐湿疣 90%以上由 HPV 6 型和 11 型引起。HPV 在人体温暖潮湿的条件下易生存繁殖，故外生殖器和肛周是最容易发生感染的部位。HPV 抵抗力强，能耐受干燥并长期保存，加热或经福尔马林处理可灭活，所以高温消毒和 2%戊二醛消毒可灭活。

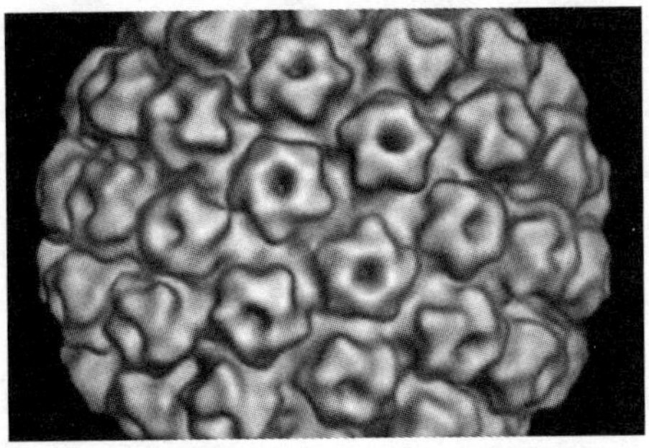

图 7-4　人乳头瘤病毒

二、流行状况

尖锐湿疣大多发生在 18～50 岁的成年人，是全球范围内最常见的性传播疾病之一。据估计，性活跃人群一生中感染 HPV 的风险为 80%，尖锐湿疣人群发病率是0.13%～0.56%。尖锐湿疣列我国性传播疾病发病率第二位，每年的发病率为 160/10 万～289/10 万，主要分布于珠江三角洲、长江三角洲、闽江地区和西部部分少数民族地区，东北、华北和中部地区发病率相对较低。我国尖锐湿疣发病总体上呈稳中有降趋势，但仍维持在较高水平，一些低发地区监测点仍呈增长趋势，应引起重视。

三、传播环节

(一)性接触传染

性接触为最主要的传播途径。本病在性关系紊乱的人群中易发生。

(二)间接接触传染

少部分患者可因接触患者使用过的物品传播而发病，如内衣、内裤、浴巾、澡盆、马桶圈等。

(三)母婴传播

分娩过程中通过产道传播而发生婴儿的喉乳头瘤等。

四、临床表现

潜伏期为 1～8 个月，平均 3 个月，主要发生在性活跃人群。

(一)典型的尖锐湿疣

生殖器和肛周为好发部位，男性多见于包皮、系带、冠状沟、龟头、尿道口、阴茎体、肛周、直肠内和阴囊，女性多位于大小阴唇、后联合、前庭、阴蒂、宫颈和肛周。偶见于阴部及肛周以外的部位，如腋窝、脐窝、口腔、乳房和趾间等。女性阴道炎和男性包皮过长是尖锐湿疣发生的促进因素。

初起皮损为细小淡红色丘疹，逐渐增大增多，单个或群集分布，湿润柔软，表面凹凸不平，呈乳头样、鸡冠状或菜花样突起。根部常有蒂，且易发生糜烂渗液，触之易出血。皮损裂缝间常有脓性分泌物郁积，甚至有恶臭，且可因搔抓而引起继发感染。本病常无自觉症状，部分患者可出现异物感、痛感、痒感或性交痛。直肠内尖锐湿疣可发生疼痛、便血、里急后重感。

（二）HPV 亚临床感染

亚临床症状指 HPV 感染后在临床上肉眼不能辨认，但以醋酸白试验（用 3%～5%醋酸溶液涂抹或湿敷后发现局部发白）、组织病理检查或核酸检测技术能够发现 HPV 感染的证据。

（三）与肿瘤的关系

大量流行病学资料表示，HPV 感染（主要是高危型 HPV，如 HPV-16、18 型）与生殖器癌的发生有密切关系，如宫颈癌、阴茎癌等。治疗后一般预后良好，但容易复发，需要长时间反复治疗。

五、诊断

（一）典型皮损

典型皮损为生殖器或肛周等潮湿部位出现丘疹，呈乳头状、鸡冠状或菜花状肉质赘生物，表面粗糙角化。

（二）辅助检查

（1）醋酸白试验阳性。醋酸白试验是用 3%～5%醋酸溶液局部外涂或湿敷，5～10 分钟后可在 HPV 感染区域发白，即所谓“醋酸白现象”。但特异性不高，有些慢性炎症，如念珠菌性外阴炎、生殖器部位外伤和非特异性炎症均可出现假阳性。

（2）核酸杂交试验可检出 HPV-DNA 相关序列。核酸杂交试验是检测 HPV 感染的重要手段，包括斑点印迹法、组织原位杂交法、核酸印记法。这些方法的特异度和敏感度均较高，是诊断 HPV 感染的敏感而可靠的方法，但技术操作烦琐。

（3）聚合酶链反应（PCR）检测可见特异性 HPV-DNA 扩增区带。聚合酶链反应（PCR）是目前检出 HPV 感染最敏感的方法，具有操作简便、迅速的特点，已在临床上广泛使用。

（4）组织病理检查，如在棘层上方及颗粒层出现空泡化细胞，是诊断 HPV 感染的重要证据。

（三）感染史

患者多有不洁性生活史或性伴感染史，少数尖锐湿疣患者通过接触污染的用具感染，新生儿亦可通过产道受感染。潜伏期 1～8 个月不等，平均为 3 个月。

六、治疗

尖锐湿疣的治疗必须采用综合治疗。

(1)治疗诱因(包皮过长、阴道炎、包皮龟头炎、淋病等)。

(2)提高机体免疫力。

(3)化学治疗。

①0.5%鬼臼毒素酊(或 0.15%霜)：适用于治疗直径≤10mm 的生殖器疣，临床治愈率可达 90%左右。用药疣体总面积不应超过 $10cm^2$，日用药总量不应超过 0.5ml。用药后应待局部药物自然干燥。副作用以局部刺激为主，可有瘙痒、灼痛、红肿、糜烂及坏死。另外，此药有致畸作用，孕妇忌用。

②5%咪喹莫特霜：治疗尖锐湿疣，疣体的平均清除率为 56%。优点为复发率低，约为 13%。出现红斑不是停药指征，出现糜烂或破损需要停药并复诊，由医生处理创面及决定是否继续用药。副作用以局部刺激为主，可有瘙痒、灼痛、红斑、糜烂。妊娠期咪喹莫特的安全性尚未确立，故孕妇忌用。

③80%～90%三氯醋酸或二氯醋酸：需由医生实施治疗，在疣损害部位涂少量药液，待其干燥，可见表面形成一层白霜。治疗时应注意保护周围正常皮肤和黏膜，如果外用药液量过剩，可敷上滑石粉、碳酸氢钠或液体皂以中和过量未反应的酸。此药不能用于角化过度或较大的、多发性以及面积较大的疣体。不良反应有局部刺激、红肿、糜烂等。

④冷冻疗法：用－196℃低温液氮，采用压冻法治疗尖锐湿疣，促进疣组织坏死脱落。冷冻疗法操作简便、高效，患者易耐受。该法适用于数量少、面积小的湿疣，可行 1～2 次治疗，时间间隔为 1 周。

⑤激光治疗：常用 CO_2 激光。采用烧灼法治疗尖锐湿疣，对单发或少量多发疣体可行一次性治疗，对多发或面积大的疣体可进行 2～3 次治疗，时间间隔一般为 1 周。

⑥电灼治疗：采用高频电针或电刀切除湿疣。本疗法适用于数量少、面积小的湿疣。

⑦氨基酮戊酸光动力学疗法(ALA-PDT 疗法)：可选择性杀伤增生旺盛细胞，不仅对肉眼可见的尖锐湿疣有破坏作用，还可清除亚临床损害和潜伏感染组织。该法具有治愈率高、复发率低、不良反应少且轻微、患者依从性好等优点。

⑧手术治疗：适用于巨大尖锐湿疣，对疣体整个或分批切除。

⑨免疫疗法：不主张单独使用，可以辅助治疗及预防复发。如干扰素肌内、皮下和损害基底部注射，白细胞介素-2 皮下或肌内注射，聚肌胞肌内注射等。

七、预防

(一)坚决杜绝性乱

尖锐湿疣主要是通过性接触感染。性伴或配偶一方染病后,可通过性生活传染给对方,还通过密切生活接触传给家人,既带来生理上的痛苦,又造成家庭不和。因此提高性道德水平,不发生婚外性行为是预防尖锐湿疣的重要方面。同时要确保性伴也获得诊疗。

(二)防止接触传染

注意个人卫生,不与他人共用内衣、泳装及浴盆;公共浴池不洗盆浴,提倡淋浴,沐浴后不直接坐在浴池的坐椅上;公共厕所尽量使用蹲厕;上厕所前后用肥皂洗手。

Ⅴ.生殖器疱疹

一、定义

生殖器疱疹(herpes genitalis)是由单纯疱疹病毒(HSV)(图 7-5)引起的性传播疾病,主要是 HSV-2 型(占 90%),少数为 HSV-1 型。单纯疱疹病毒主要侵犯皮肤、黏膜和神经组织,感染部位和引起的疾病多种多样,并有潜伏感染的趋向,还可通过胎盘及产道感染新生儿,导致新生儿先天性感染。可反复发作,对患者的健康和心理影响较大,严重威胁人类健康,是常见的性病之一。人类是单纯疱疹病毒的唯一宿主,病毒离开人体就不能生存,紫外线、乙醚及一般消毒剂均可使之灭活。

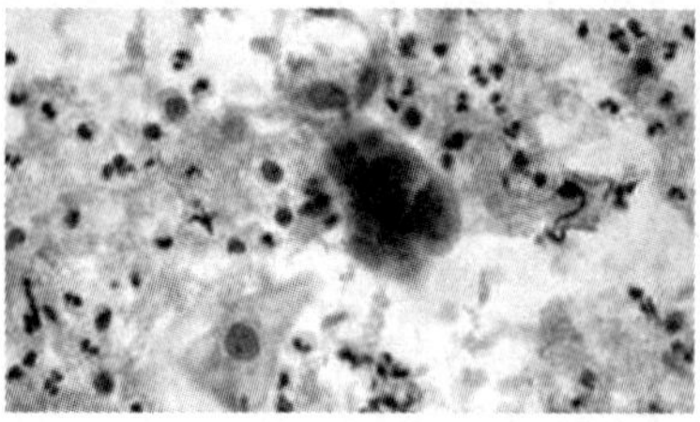

图 7-5 单纯疱疹病毒

二、流行状况

生殖器疱疹在全球广泛流行,已成为重要的公共卫生问题。2012 年,全球 15～49 岁人群生殖器疱疹 2 型感染者为 4.17 亿,感染率为 11.3%,每年有 1920 万新发感染病例。全球各地区的感染率差别较大,最高的为非洲(31.5%),其次为美洲(14.4%),感染率较低的为欧洲、地中海东部、东南亚和西太平洋地区(<10%)。2016 年,英国生殖器疱疹报告病例数为 31860 例,发病率为 58.2/10 万。2008—2017 年,中国生殖器疱疹报告发病率为 6.14/10 万～8.65/10 万,低于发达国家,可能生殖器疱疹在我国为低流行,也可能与我国性病监测点报告系统不如发达国家健全,报告率较低有关,但明显高于 2001 年全国生殖器疱疹报告发病率(2.79/10 万),应引起重视。

三、传播环节

(一)传染源

发作期、恢复期患者和无明显症状的病毒感染者是传染源。主要通过病损处水疱疱液、局部渗出液、病损皮肤黏膜表面等存在的病毒传播。生殖器疱疹感染后引起初发生殖器疱疹,初发生殖器疱疹消退后,残存的病毒经周围神经沿神经轴转移至骶神经节而长期潜伏下来,当机体抵抗力降低或某些激发因素(如发热、受凉、感染、月经、胃肠功能紊乱、创伤等)诱发下,可激活潜伏的病毒至皮肤黏膜表面引起病损,导致复发。

(二)传播途径

1.性接触传播

性接触是主要传播方式,不同方式的异性或同性性行为,都可以传播生殖器疱疹。感染者主要通过性接触而传染给其性伴侣。男性同性性行为者传染的危险性也很大。口唇及其周围患有疱疹的人,可通过口-生殖器性交,使对方感染生殖器疱疹。

2.间接接触传播

由于病毒能在潮湿的环境中存活数小时,因而也有可能通过接触污染物传播,但这种间接接触传染病例比较少。

3.母婴传播

患生殖器疱疹的母亲,在分娩过程中,经过产道将病毒直接传染给新生儿,或怀孕过程中患病,病毒通过胎盘传给胎儿。

四、临床表现

(一)初发生殖器疱疹

初发生殖器疱疹分为原发性生殖器疱疹和非原发的初发生殖器疱疹。原发性生殖器疱疹为第一次感染 HSV 而出现症状者,病情相对严重;非原发的初发生殖器疱疹是部分患者既往有 HSV-1 感染(主要为口唇或面部疱疹)再次感染 HSV-2 而出现生殖器疱疹的初次发作,其病情相对较轻。

(1)潜伏期 3～14 天。

(2)外生殖器或肛门周围有群簇或散在小水疱,2～4 天后破溃形成糜烂或溃疡,自觉疼痛。

(3)腹股沟淋巴结常肿大,有压痛。

(4)可出现发热、头痛、乏力等全身症状。

(5)病程 2～3 周。

(二)复发性生殖器疱疹

原发皮损消退后皮疹反复发作，较原发性全身症状及皮损轻，病程较短。

(1)发疹前局部有烧灼感、针刺感或感觉异常。

(2)外生殖器或肛门周围有群簇小水疱，很快破溃形成糜烂或浅溃疡，自觉症状较轻。

(3)病程 7～10 天。

五、诊断

(1)一般根据病史和典型临床表现即可做出诊断。

(2)必要时结合实验室检查结果，综合判断，做出诊断。实验室检查项目如下：

①细胞学检查(Tzanck 涂片)：显微镜下可见特征性的多核巨细胞或核内病毒包涵体。

②检测病毒抗原：从皮损处取标本，以单克隆抗体直接荧光法或酶联免疫吸附法(ELISA)检测单纯疱疹病毒抗原。

③病毒培养：从皮损处取标本做病毒培养，发现有单纯疱疹病毒和细胞病变。

④核酸检测：通过聚合酶链反应(PCR)等方法检测 HSV-2 核酸。

六、治疗

主要采用抗病毒治疗。治疗的目的主要是缓解症状，减轻疼痛，缩短病程及防止继发感染等。

(一)一般疗法

(1)保持局部清洁干燥，每天可用生理盐水清洗患处。

(2)并发细菌感染者可外用抗生素药膏。

(3)局部疼痛明显者可外用 5%盐酸利多卡因软膏或口服止痛药。

(4)心理支持，讲解疾病复发原因、治疗及处理方法，增强患者抗病信心。

(二)抗病毒治疗

推荐治疗方案如下：

(1)阿昔洛韦，口服，每天 5 次；或阿昔洛韦，口服，每天 3 次。

(2)伐昔洛韦，口服，每天 2 次。

(3)泛昔洛韦，口服，每天 3 次。

初发生殖器疱疹疗程 7～10 天，复发性生殖器疱疹疗程 5 天，频发复发者可采取较低剂量服用较长时间的疗程。

七、预防

(1)开展疾病知识宣教，内容包括本病的病程、传播途径、常见诱发因素、治疗及防范措施，提高人群抵御疾病的能力，以有效减少发病或疾病复发。

(2)提高育龄期患者(包括男性患者)关于胎儿和新生儿 HSV 感染危险性的认识。

(3)要让初发患者知晓，抗病毒治疗可缩短病程，抗病毒抑制疗法可减少或预防复发。取得患者对治疗的积极配合，以减少疾病的继续传播。

(4)强调患者将病情告知其性伴，取得性伴的谅解和合作，避免在复发前驱症状或皮损出现时发生性接触，或更好地采用屏障式避孕措施，以减少 HSV 传染给性伴的危险性。

(5)提倡安全套等屏障式避孕措施，正确使用安全套可减少生殖器疱疹传播的危险性，但皮损时切忌性交，因为即使使用安全套也可能发生 HSV 性传播。

(6)树立正确的婚恋观，避免非婚性行为，杜绝多性伴，是预防生殖器疱疹的根本措施。

Ⅵ.软下疳

一、定义

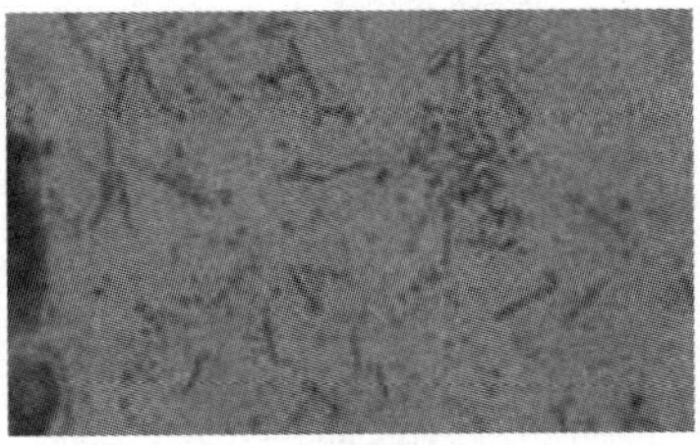

图 7-6　杜克雷嗜血杆菌

软下疳(chancroid)是由杜克雷嗜血杆菌(图 7-6)感染引起的，主要发生于生殖器部位，有多个痛性溃疡，多伴有腹股沟淋巴结化脓性病变的一种性传播疾病。本病由性交传染，临床上男性患者多于女性，在我国比较少见。人是杜克雷嗜血杆菌的宿主。杜克雷嗜血杆菌对温度较敏感，不耐热，43～44℃温度失去抵抗能力，20 分钟即可死亡，对 42℃抵抗性稍强，但 4 小时死亡，在 37℃中可存活 6～8 天，10～20℃ 7～10 天后可死亡，干燥及 65℃时可迅速死亡。但它的耐寒性能较强，5℃中可生存 1 周，冻干时可能生存 1 年。对干燥的抵抗性弱。煮沸消毒、75%酒精及一般消毒剂均可使之灭活。

二、流行状况

软下疳是世界性分布的性传播疾病，据世界卫生组织估计，全世界每年新增约 700 万例软下疳患者，主要流行于热带及亚热带地区，多见于非洲、亚洲和拉丁美洲，尤其是发展中国家。软下疳可能是生殖器溃疡主要原因之一。软下疳在我国20世纪40年代较为常见,发病率仅次于梅毒和淋病,故有“第三性病”之称。在20世纪60年代初期我国基本消灭了软下疳。从20世纪80年代开始,各地又有个别的临床病例报告,但多未经培养鉴定证实,估计存在个别漏诊漏报情况。

三、传播环节

软下疳经性行为方式传播,卖淫嫖娼是传播的危险因素。在邻近国家发病率较高,极有可能传入我国。

四、临床表现

(一)潜伏期

3～14天,平均4～7天。

(二)好发部位

男性好发部位有冠状沟、包皮、包皮系带、龟头、阴茎体、会阴部以及肛周等处;女性好发部位为小阴唇、大阴唇、阴唇系带、前庭、阴蒂、子宫颈、会阴部以及肛周等处。也有报告溃疡见于乳房、大腿内侧、手指及口腔内。

(三)主要表现

在接触病原体后,感染部位先出现一个小炎性丘疹或脓疱,再迅速变为脓疱,3～5天后形成疼痛剧烈的深溃疡。溃疡呈圆形或卵圆形,质地柔软,容易出血,边缘粗糙不整齐,表面有恶臭的黄灰色渗出物。大多数患者还会出现腹股沟化脓性淋巴结炎,有疼痛,进一步发生化脓、表面皮肤发红现象。肿大的淋巴结常有波动感,可自然破溃流脓,最后形成溃疡和窦道。

(四)合并症

合并症包括包皮炎、嵌顿包茎、尿道瘘、尿道狭窄、阴茎干淋巴管炎、阴囊或阴唇象皮肿以及继发其他感染等。

五、诊断

(1)有性接触史:根据当地流行病学背景,患者发病前4～5天有性接触史。

(2)主要临床表现:在生殖器部位发生一个或多个痛性溃疡,基底软,有触痛,腹股沟淋巴结疼痛、肿大,甚至破溃形成溃疡。

(3)实验室检查:

①显微镜检查:暗视野显微镜检查及梅毒血清学试验阴性排除梅毒,可初步考虑为

软下疳，如直接涂片检查发现革兰染色阴性杜克雷嗜血杆菌，可以做出临床诊断。

②培养法：杜克雷嗜血杆菌培养阳性，可确诊。

③病理学检查：有符合软下疳溃疡的组织病理表现，组织切片中有时可找到杜克雷嗜血杆菌。

④核酸检测：聚合酶链反应法等检测杜克雷嗜血杆菌核酸阳性。

本病应与一些生殖器溃疡性疾病相鉴别，如硬下疳、生殖器疱疹、性病性淋巴肉芽肿等。

六、治疗

（一）治疗原则

及时、足量、规则用药。治疗期间避免性生活，性伴须同时检查和治疗，治疗后要进行随访判愈。

（二）治疗方案

1. 全身治疗

（1）红霉素、利君沙、罗红霉素、阿奇霉素。

（2）头孢曲松钠、头孢噻肟钠、头孢哌酮钠、哌拉西林钠。

2. 局部治疗

（1）未破溃的丘疹或结节，外用鱼石脂、红霉素软膏。

（2）溃疡，用 1/5000 高锰酸钾溶液或过氧化氢溶液冲洗，然后外用红霉素软膏，并做好局部清洁消毒。

（3）淋巴脓肿穿刺：应在远处正常皮肤刺入脓腔，可反复抽取脓汁，注入抗生素治疗。

3. 合并 HIV 感染的处理

这类患者溃疡愈合慢，疗程要长，可采取两种以上抗生素联合用药。有条件时应做抗生素敏感试验，有针对性地用药。

七、预防

（1）积极做好健康教育工作，帮助人们认识非婚性行为、多性伴、不安全性行为的危害，提高警惕，出现可疑症状与体征时及早就医。

（2）提倡安全性行为，避免发生高危性行为，每次性行为都应正确使用安全套，减少感染或被感染的机会。

（3）做好患者日用品的消毒工作。患者病愈前所用过的内衣、内裤、床单、被单要煮沸消毒；用过的浴盆及马桶要用消毒酒精擦拭。

Ⅶ.性病性淋巴肉芽肿

一、定义

性病性淋巴肉芽肿(venereal lymphogranuloma)又名第四性病,是经典的性病之一。性病性淋巴肉芽肿的病原体是沙眼衣原体15个血清型中的L1、L2、L3三种血清型,主要通过性接触传播。主要临床表现为生殖器部位出现一过性水疱性损害,局部淋巴结肿大,未经治疗晚期可发生象皮肿和直肠狭窄,对组织的破坏性强。目前我国较为罕见。沙眼衣原体革兰染色阴性,是一类在细胞内寄生的微生物,大小为250~450nm。沙眼衣原体不耐热,在室温下迅速丧失其传染性,加温至50℃30分钟或90~100℃1分钟即可将其杀死。但是沙眼衣原体耐寒,−70℃下能存活数年,液氮内可保存10年以上,冰冻干燥保存30年以上仍可复苏。本病病原体抵抗力较低,一般消毒剂可将其杀死,75%乙醇、2%来苏、2%氯胺、紫外线及干燥室温中均不能存活。

二、流行状况

性病性淋巴肉芽肿流行于全世界,多分布于热带和亚热带,在有些国家(如印度、尼日利亚、赞比亚等)性病性淋巴肉芽肿可占性传播疾病的2%~6%。虽在全球分布较广泛,但总体发病率在下降。其发病高峰年龄为20~30岁。在我国,解放前和解放初期此病较为常见,一些大城市的发病率为12%~20%。20世纪60年代该病已在我国消失,但在20世纪90年代初开始死灰复燃,部分地区陆续有散发病例报告,2001年以来每年报告数百例。随着国际交往日渐增多,还有可能从国外输入我国,应提高警惕。

三、传播环节

主要通过性接触传播,偶尔经污染物传播。

四、临床表现

(一)潜伏期

有不洁性交史,潜伏期5~21天。

(二)早期症状

多发生在男性阴茎体、龟头、冠状沟及包皮,女性阴道前庭、小阴唇、阴道口、尿道口周围有5~6mm的小水疱、糜烂、溃疡,多见为单个,有时数个,无明显症状,数日不愈,愈后不留瘢痕。

(三)中期症状

初疮出现 1～4 周后,男性腹股沟淋巴结肿大、疼痛、压痛、融合,可见“沟槽征”(腹股沟韧带将肿大的淋巴结上下分开,皮肤呈沟槽状)。数周后淋巴结软化,破溃,排出黄色浆液或血性脓液,形成多发性瘘管,似“喷水壶状”,数月不愈,愈后留下瘢痕。女性初疮多发生于阴道下部,向髂及直肠淋巴结回流,引起该部淋巴结炎、直肠炎和直肠周围炎,临床可有便血、腹痛、腹泻、里急后重及腰背疼痛,形成肛周肿胀、瘘管、直肠狭窄及大小阴唇象皮肿等。

(四)晚期症状

数年或数十年后,长期反复性的腹股沟淋巴管(结)炎可致阴部象皮肿、直肠狭窄等。

(五)全身症状

淋巴结肿大化脓期间可有寒战、高热、关节痛、乏力及肝脾大等全身症状。也有皮肤多型红斑、结节性红斑、眼结膜炎、无菌性关节炎、假性脑膜炎等。

五、诊断

(1)有非婚性接触史或配偶感染史,潜伏期为 5～21 天。

(2)早期在生殖器部位出现小水疱、糜烂或溃疡。

(3)感染数周后出现淋巴结肿大,腹股沟淋巴结红、肿、热、痛,男性有“沟槽征”以及多数瘘管呈“喷水壶状”;而女性可发生直肠炎和直肠周围炎。晚期可出现生殖器象皮肿及直肠狭窄的临床表现。

(4)特征性病变为淋巴结星状脓疡。血清衣原体抗体滴度升高。细胞培养分离到 L1、L2 或 L3 血清型沙眼衣原体。

该病临床上常需与软下疳、梅毒性腹股沟淋巴结肿大、生殖器疱疹丝虫病、直肠癌等鉴别。

六、治疗

(一)治疗原则

治疗原则为早期治疗、规范足量、性伴同治。

(二)治疗方法

1. 全身用药

(1)多西环素,口服,每日 2 次,疗程 21 日;

(2)红霉素,口服,每日 4 次,疗程 21 日;

(3)米诺环素,口服,每日2次,疗程21日。

2.局部治疗

(1)急性腹股沟综合征:波动的淋巴结可用针筒抽出脓液或切开引流,以防形成腹股沟溃疡。

(2)直肠狭窄:初起时可做扩张术,严重的直肠狭窄采用手术治疗。手术前后必须完成数月或足够疗程的抗生素治疗。

(三)性伴同治

对性伴进行检查和治疗,对于可疑患者及性接触者应及时诊疗。性伴如果在患者出现症状之前60日内与患者有过性接触,则必须进行尿道、宫颈的衣原体检查和治疗。

七、预防

(1)正确使用安全套可起预防作用。

(2)不断提高卫生水平,加强健康教育。

(3)树立正确婚恋观,避免婚外性接触。

思考题:

1.常见的性病有哪几种?

2.比较艾滋病、淋病、梅毒三种性病的异同。

3.尖锐湿疣与生殖器疱疹有哪些不同之处?

4.学习性传播性疾病后对你有哪些启示?

5.预防性传播性疾病最重要的措施是什么?

第八章　艾滋病的防治

第一节　艾滋病疫情

艾滋病概况

一、定义

艾滋病的全称叫获得性免疫缺陷综合征(acquired immunodeficiency syndrome, AIDS),是由人类免疫缺陷病毒(HIV)(图 8-1)或称艾滋病病毒感染引起的病死率很高的传染病,导致被感染者免疫功能部分或完全丧失,$CD4^+$ T 细胞数目减少,继发各种机会性感染、肿瘤等,临床表现多种多样,目前无法治愈,但能预防的慢性传染性疾病。艾滋病是我国法定乙类传染病。HIV 只能在血液和体液中活的细胞中生存,离开人体后会变得很脆弱,高温、干燥或常用的消毒剂(如漂白粉、84 消毒液、过氧乙酸、戊二醛、酒精、碘酒等)均可杀死体外的 HIV,100℃ 20 分钟可将 HIV 完全灭活,但 HIV 对紫外线、γ 射线不敏感。

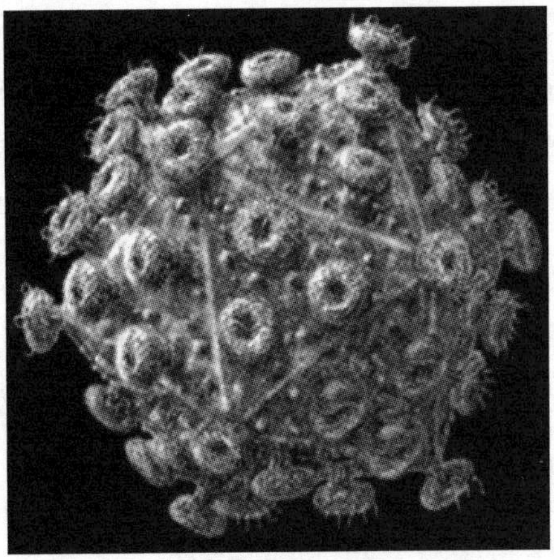

图 8-1　人类免疫缺陷病毒

艾滋病疫情

二、流行状况

12 月 1 日是世界艾滋病日。自 1981 年 6 月在美国发现第 1 例艾滋病患者以来，艾滋病在全球迅速蔓延，没有一个国家能幸免，给人类生命与社会经济造成的损失已超过历史上任何一种传染病。据联合国艾滋病规划署发布的 2019 年全球艾滋病报告，目前全世界约有 3790 万人感染艾滋病病毒，艾滋病高危人群中能接受有效防治的人不到 50%，这表明高危人群“被防治工作遗忘”的现象仍然严重。2018 年，全球因艾滋病相关疾病死亡 77 万人、新感染艾滋病病毒者约有 170 万人，与 2010 年相比下降了 16%。全世界每年为控制艾滋病花费 5000 亿美元。尽管全球的艾滋病应对行动使全球艾滋病病毒感染率呈下降的趋势，但艾滋病防控形势依然严峻，需要全人类共同关注和重视。许多国家正致力于研发治疗艾滋病的药物，相信总有一天人类会战胜艾滋病这个“世纪杀手”。

艾滋病已经给我国社会和经济发展带来严重威胁，中央财政对艾滋病防控经费的投入从 2001 年的 1 亿元增加到 2010 年的 20 亿元。据中国疾病预防控制中心、联合国艾滋病规划署、世界卫生组织联合评估，截至 2019 年年底，全国报告存活艾滋病病毒感染者和患者 861042 例，全国估计存活艾滋病病毒感染者和患者 125 万（110 万～140 万），全国人群艾滋病病毒感染率约为 0.09%，疫情已覆盖全国所有省、自治区、直辖市。与其他国家相比，我国艾滋病疫情处于低流行水平，但疫情分布不平衡、地域差异大，截至 2018 年年底现存活的 HIV/AIDS 数达 10000 例以上的有 22 个省份，2018 年新报告 HIV/AIDS 中异性传播构成比超过 70%的省份有 9 个，同性传播构成比超过 70%的省份有 6 个；传播途径以性传播为主，2018 年新报告病例中，通过性传播感染艾滋病的占 94.8%，其中异性传播占 71.5%，男性同性传播占 23.3%；2018 年青年学生病例中，男性同性传播占 82.1%，异性传播仅占 17.1%；注射吸毒传播病例和母婴传播率逐年下降；每年有 3000 多例学生感染艾滋病，2008 年到 2017 年，15～24 岁的青年学生艾滋病感染者占当年报告病例总数的比例逐年增加（由 5.77%上升到 23.58%）；60 岁及以上老年男性感染者从 2010 年的 4751 例增加到 2018 年的 24465 例，占当年报告病例总数的比例从 2010 年的 7.4%增加到 2018 年的 16.5%。我国艾滋病影响因素复杂多样，防治形势依然严峻，任务十分艰巨。

第二节 艾滋病的临床表现及传播方式

艾滋病传播

一、传播环节

(一)传染源

HIV 感染者和艾滋病患者是唯一的传染源,包括艾滋病患者和无症状的 HIV 感染者,曾从血液、精液、唾液、尿液、阴道分泌液、眼泪、乳汁等分离到 HIV。

(二)传播途径

1. 性接触传播

无保护的性接触是最常见的传播途径,全世界约 75%的 HIV 感染是通过此途径传播的,以同性恋为主,肛交是最危险的性接触传播方式。

2. 血液及血制品传播

通过血液及血制品传播的概率几乎是 100%,常见于共用注射器的静脉吸毒者(占我国 HIV 感染者总数的 2/3 左右)、输注了被 HIV 污染的血液及血制品感染者,还有因器官移植而感染的(包括人工受精、皮肤移植、器官移植)。

3. 母婴传播

感染了 HIV 的妇女,HIV 可通过胎盘使宫内胎儿感染,分娩时通过产道感染婴儿。婴儿也可通过母乳喂养感染 HIV,非洲达 15%～40%,发达国家较低(5%～10%)。

4. 下列日常行为不会传播艾滋病

(1)在工作和生活中与艾滋病患者或 HIV 感染者的一般接触不会感染 HIV,如握手、拥抱、接吻、共餐等。

(2)HIV 不会经马桶圈、电话机、餐饮具、卧具、游泳池等公共设施传播。

(3)咳嗽或打喷嚏不传播 HIV。

(4)食物、水、汗液和眼泪不会传播 HIV。

(5)蚊虫叮咬不会传播 HIV(因为蚊子体内不具备 HIV 繁殖的条件)。

(三)易感人群

男同性恋者、性乱交者、静脉吸毒者、妓女、性病患者、血友病患者、需接受多次输血治疗者为高危人群。

二、临床表现

本病潜伏期平均为 8～9 年，可短至数月，长达 15 年。临床表现多种多样，根据我国有关艾滋病的诊疗标准和指南，将艾滋病分为急性期、无症状期和艾滋病期。

（一）急性期（2～4 周）

（1）发热最常见，可伴有全身不适、头痛、恶心和呕吐、腹泻、咽痛、肌肉关节痛、皮疹、淋巴结肿大以及神经系统症状等。大多数患者症状轻微，持续 1～3 周后缓解。

（2）此期机体血清中可检测出 HIV RNA 及 P24 抗原。$CD4^{+}$ T 淋巴细胞数一过性减少。

（二）无症状期（6～8 年）

（1）大多数没有任何临床症状或体征。

（2）HIV 抗体阳性。$CD4^{+}$ T 淋巴细胞数逐渐减少。

（三）艾滋病期（终末期）

（1）HIV 相关症状：表现持续 1 个月以上的发热、盗汗、腹泻；体重减轻 10%以上，部分出现神经精神症状，如记忆力减退、精神淡漠、性格改变、头痛、癫痫等。还可出现持续性全身淋巴结肿大，除腹股沟淋巴结外，有两个或两个以上部位淋巴结肿大，持续 3 个月以上。

（2）各种机会性感染及肿瘤：如肺孢子菌肺炎、严重鹅口疮、肺结核、严重腹泻等；恶性肿瘤，如卡波西肉瘤、淋巴癌、痴呆及恶液质（体重急剧下降）等。患者最终死于上述一种或几种疾病。

（3）$CD4^{+}$ T 淋巴细胞数极低：$CD4^{+}$ T 淋巴细胞计数小于 200×10^{6}/L，而 HIV 数量极高。

第三节　艾滋病诊断与治疗

共同关注艾滋病

一、诊断

（一）诊断原则

HIV/AIDS 的诊断原则是以实验室检测为依据，结合临床表现和参考流行病学综合进行。HIV 抗体和病原学检测是确诊 HIV 感染的依据；流行病学史是诊断急性期和婴幼儿 HIV 感染的重要参考；$CD4^{+}$ T 淋巴细胞检测和临床表现是 HIV 感染分期诊断的主要依据；AIDS 的指征性疾病是 AIDS 诊断的重要依据。

(二)诊断

1. HIV 感染(成人、青少年和 18 个月龄以上儿童)

符合下列一项者即可诊断：

(1)HIV 抗体筛查试验有反应和 HIV 抗体确证试验阳性。

(2)HIV 抗体筛查试验有反应和核酸定性试验阳性。

(3)HIV 抗体筛查试验有反应和核酸定量试验指标超过正常值。

(4)有流行病学史或艾滋病相关临床表现，两次 HIV 核酸检测均为阳性。

(5)HIV 分离试验阳性。

2. AIDS(成人和大于等于 15 岁的青少年)

符合下列一项者即可诊断：

(1)HIV 感染和 CD_4^+ T 淋巴细胞计数 $<200\times10^6$/L。

(2)HIV 感染和伴有至少一种成人 AIDS 指征性疾病。

二、治疗

(一)治疗原则

艾滋病目前不能治愈，各期患者治疗都以健康的生活方式和合理营养作为基础，合理应用抗病毒药物，正确使用抗机会性感染和肿瘤的药物，辅以适当药物支持治疗和对症治疗。提高患者生存质量和生存期是治疗的最终目标。对症治疗者定期随访(每次间隔 4～6 个月)，观察临床表现、实验室免疫学和病毒学指标的变化及适时指导抗病毒治疗或预防机会性感染。

(二)抗 HIV

高效抗反转录病毒治疗(highly active antiretroviral therapy，HAART)是艾滋病的最根本治疗方法，需要终生服药。国际上现有 6 类 30 多种药物：核苷类反转录酶抑制剂(NRTIs)、非核苷类反转录酶抑制剂(NNRTIs)、蛋白酶抑制剂(PIs)、整合酶抑制剂(raltegravir)、融合酶抑制剂(FIs)和 CCR5 抑制剂(maraviroc)。目前，国内抗反转录病毒药物有 5 类 12 种。推荐我国成人及青少年的一线抗病毒方案：齐多夫定(AZT)/替诺福韦酯(TDF)＋拉米夫定(3TC)＋依非韦伦(EFV)/奈韦拉平(NVP)。某些特殊人群(如儿童、孕妇、合并结核、肝炎及静脉吸毒者)的抗病毒治疗均有其特殊性，应具体问题具体分析，不能照搬以上方案。

(三)并发症治疗

对于各种感染均进行针对各种病原的抗感染治疗。如对念珠菌感染，用氟康唑或伊曲康唑；对单纯疱疹或带状疱疹患者，用阿昔洛韦或泛昔洛韦，局部应用干扰素；对活动性结核患者，给予规范的抗结核治疗；对弓形体脑病患者，需乙胺嘧啶联合磺胺嘧啶，过敏者用克林霉素；对并发肿瘤者，根据病情进行手术、放疗、化疗等。

第四节　艾滋病预防

一、预防

（一）艾滋病政府关怀政策

“四免一关怀”是我国防治艾滋病最有力的政策措施。四免：一、农村居民和城镇未参加基本医疗保险等医疗保障制度的经济困难人员中的艾滋病患者，可到当地卫生部门指定的传染病医院或设有传染病区（科）的综合医院服用免费的抗病毒药物，接受抗病毒治疗；二、所有自愿接受艾滋病咨询和病毒检测的人员，都可在各级疾病预防控制中心和各级卫生行政部门指定的医疗机构，得到免费咨询和 HIV 抗体初筛检测；三、对已感染 HIV 的孕妇，由当地承担艾滋病抗病毒治疗任务的医院提供健康咨询、产前指导和分娩服务，及时免费提供母婴阻断药物和婴儿检测试剂；四、地方各级人民政府要通过多种途径筹集经费，开展艾滋病遗孤的心理康复，为其提供免费义务教育。一关怀：国家对 HIV 感染者和患者提供救治关怀，各级政府将经济困难的艾滋病患者及其家属，纳入政府补助范围，按有关社会救济政策的规定给予生活补助；扶助有生产能力的 HIV 感染者和患者从事力所能及的生产活动，增加其收入。

（二）管理传染源

要切实执行乙类传染病的管理规定，对艾滋病患者和 HIV 感染者须密切随访，观察艾滋病患者和 HIV 感染者的病情变化，为他们提供医学心理咨询，为防止 HIV 传播采取综合性措施等。一旦感染 HIV，要勇于与疾病作斗争，遵守有关预防艾滋病的规定，严防把病毒传染给他人。对密切接触者（是指艾滋病患者和 HIV 感染者的配偶，性接触者和其他共同生活者，共用注射器吸毒者以及所生育的子女）要进行医学检查和 HIV 检测，并提供相应咨询。

（三）切断传播途径

1. 控制 HIV 经性传播

避免不安全性行为是预防经性途径传播 HIV 的根本措施。树立健康性观念，注意性卫生和性安全，包括推迟发生性行为的年龄、只有一个固定性伴侣（避免多个性伴侣）、正确使用安全套、及早治疗并治愈性病。

2. 控制 HIV 经血传播

避免不必要的输血和注射。珍爱生命，自觉抵制毒品，尤其要严禁共用注射器静脉吸毒。对献血者和组织器官捐献者进行 HIV 检测，确保血液、血制品、组织器官的安全。避免与他人共用可能被血液污染的用具，如牙刷、剃刀、注射针头等。

3. 控制母婴传播

开展宣传教育，对已感染 HIV 的孕妇应该用药物在妊娠期和妊娠后阻断 HIV，分娩后采用人工喂养代替母乳喂养。做好新生儿的随访工作，定期随访，密切注意新生儿的感染情况。

4. 消毒处理

世界卫生组织推荐对 HIV 加热 100℃持续 20 分钟，灭活效果较理想。需要重复使用的物品可用煮沸或高压蒸汽消毒，不宜煮沸的物品可用 2％戊二醛溶液、75％酒精等进行消毒。

(四)保护易感人群

(1)目前国内外正致力于 HIV 疫苗的研制，但尚无令人满意的结果。

(2)暴露于可能含有 HIV 的血液或体液之后 72 小时内，抗病毒药物可以帮助预防艾滋病，这种方法叫艾滋病暴露后预防。然而，艾滋病暴露后预防不是 100％有效的，即使是在暴露后第一时间立刻进行也是如此。当别人患艾滋病时，不歧视，不排斥，尽量给予温暖，但交往中要注意自我防护，怀疑自己可能感染 HIV 时，应该立刻向当地医疗服务机构寻求帮助。

(3)特别是发生高危行为后(共用针具吸毒、不安全性行为等)，应主动寻求艾滋病咨询与检测，各市(区、县)疾控中心、各市(区、县)级以上医院、妇保院、大部分的社区卫生服务中心、乡镇卫生院、高校等的艾滋病自愿咨询门诊(又称 VCT)提供完全保密、免费的专业咨询检测服务；还可以从一些高校设立的自助尿液检测包贩卖机那里购买检测包进行自助检测。早发现、早治疗能有效降低 HIV 对健康的危害。

(五)青年学生防治艾滋病知识要点

(1)艾滋病是一种危害严重的传染病，病死率高，尚不可治愈。艾滋病需要终生服药治疗，给家庭和个人造成严重负担。

(2)目前，我国青年学生中艾滋病流行呈增长趋势，主要传播方式为男性同性性行为，其次为异性性行为。

(3)艾滋病通过含有 HIV 的血液和体液(精液、阴道分泌物等)传播，蚊虫叮咬、共用学习用品、共同进餐、共用卫生间、握手、拥抱等日常接触不会传播。

(4)性行为前使用冰毒等新型合成毒品以及醉酒会增加经性途径感染 HIV 的风险。

(5)若感染了性病,可增加感染艾滋病的风险,感染性病后必须及时到正规医疗机构诊治。

(6)目前没有有效疫苗可以预防艾滋病。拒绝毒品、自尊自爱、遵守性道德、培养积极向上的生活方式是预防艾滋病的根本措施。

(7)学习掌握性健康知识,提高自我保护意识与技能,坚持每次正确使用安全套,可有效预防艾滋病、性病的感染。

(8)无法通过外表判断一个人是否感染了 HIV,如需了解感染状况,应该到疾控中心、医院等机构,或者通过购买试剂进行检测。

(9)早检测、早发现、早诊断、早治疗,有助于艾滋病的预防和康复。

案例分析 8-1

女大学生与外籍男友“艾”的故事

初中、高中,我都一直扮演着乖乖女的角色,与男生保持该有的距离,即便对某个男生有好感,我也能很好地控制自己。也许是因为一直以来的压抑,当一切得到释放的时候,我爆发得异常激烈。

仅仅大一一年,我就交往了四个男朋友。但该守的底线我依旧守着,交往几次之后,我觉得恋爱也就是这么一回事,大二的我重新沉寂下来,开始专心致志地读书。

在大二上学期期末,我在图书馆里复习,旁边坐了一个留学生,因为我临时有事要走开,就拜托他帮忙照看一下电脑,然后,我们就认识了,互相交换了联系方式。他的名字是 Jack,中文很不错,在交流上完全没有问题。刚开始,我也只是把他当作普通朋友相处。熟悉了之后,我们很快就在一起了。

在一起之后,他对我更加照顾,我也放弃了自己的底线,把第一次交给了他。刚开始,我们都坚持使用安全套。交往一年后的纪念日,我们第一次没有使用安全套。有一就有二,刚开始,我都会在事后坚持服用避孕药,之后我们就尽量避开排卵期,于是我也就停了避孕药。

有一天,我突然意识到已经有两个月没来例假了。我赶紧到医院检查,发现自己怀孕了。其实我的心里是明白的,这个孩子不能要,但是我也需要先通知他,毕竟他是这个孩子的父亲。他来了之后很是愧疚,商量后我们最终准备不要这个孩子,并且抽血做了术前的常规检查。

第二天,收到化验单的同时,医生也告诉了我一个消息,说我可能感染了艾滋病，最好去疾控中心复查一下。我当时以为这是一个笑话，还笑着对医生说了一句："Pardon?"但医生肯定地重复了刚才的话。

我是一个大学生，知道艾滋病的传播途径，也知道感染了艾滋病意味着什么，但我从来不知道艾滋病离我这么近。转头看到Jack的那一瞬间，我脑子里一片空白，坐在那里眼泪唰地就流了下来。Jack也是一脸的难以置信。当天下午，我们一起到疾控中心做进一步检查，接下来就是漫长的等待。一个星期的煎熬，等来的结果还是确诊了，没有一丝侥幸。我悻悻地看着Jack，头也不回地冲出了疾控中心的咨询室。

案例分析8-2

英雄救美之后她误爱吸毒的他

小艾从小生活在一个幸福美满的家庭，无论是在生活上还是在学习上，她都是爸爸妈妈眼中的乖女儿，是老师眼中的好学生。

小艾顺利地考上了理想中的大学。为了让自己的大学生活更加充实，她找了一份家教的工作。一次家教课结束得比较晚，在回校的路上突然她被猛地一撞，发现自己的包被人抢了！

小艾努力追赶那个黑影，并大喊"抢劫啦！"她心里绝望极了，忍不住哭了出来。泪眼朦胧中，她看到了自己的包以及一个人的手。小艾接过包，来不及反应，手的主人已经转身，她只看到一个背影，听到他说"快回去吧"，语气平淡，她却觉得在这样的夜里异常温暖。

那次以后，小艾辞掉了家教的工作。当小艾以为自己跟那个人不会再有交集的时候，却没想到一次偶然的机会，又让她遇到了他。那天下午很冷，小艾在寒风中等人，一抬头，视野里却意外地出现了一个背影。小艾对他喊道："能留下联系方式吗？"他虽然一愣，但还是把号码留给了小艾。

后来，小艾才知道他叫阿木，是传说中不是"好人"的社会青年，但她相信他是不一样的，他是善良的，至少他会帮一个根本不认识的人抢回包。小艾跟他的联系越来越密切。

他的世界跟小艾从小生活的世界完全不一样，那么丰富多彩，小艾渐渐喜欢上了这个新世界。在阿木的哥们叫她"大嫂"的打趣下，小艾跟他真的在一起了。那时，小艾觉得很幸福，阿木提出开房的要求她也没有拒绝，因为她觉得跟喜欢的人在一起并没有错。

从那之后很久，小艾都过着快乐的生活。直到有一天，她开始发烧，咳嗽，不想吃东西，人变得虚弱且消瘦，吃了退烧药也不见好，最后没办法去了医院。医生听了她的叙述，眉头皱了一下，然后轻声安慰她说："别紧张，先去做一下检查。"小艾拿着卡，抽了血，心里好像有不好的预感。回到医生的诊室，医生看了看报告，说："你得了艾滋病。"

知道自己得了艾滋病的消息，小艾万念俱灰，痛不欲生。她收拾了一下东西就去找阿木。阿木告诉小艾他吸毒，他也不知道怎么会这样，还跟小艾说了一声"对不起"，小艾打了他一巴掌说："我们结束了。"然后愤然转身离开。

思考题：

1. 艾滋病的病原体是什么？
2. 艾滋病的主要传播途径有哪几种？
3. 如何做好艾滋病的预防工作？

第九章　同性恋

同性恋

学习目的

通过本章学习要了解同性恋的概念及其发展历史，了解同性恋的分类，掌握同性恋与同性性行为之间的区别与联系，掌握 MSM 人群与艾滋病之间的关系。

性是人类社会存在和延续的根本，人类存在着男女两性。当性成熟后，两性之间就会出现性吸引现象，称为性取向。人类的性取向有异性恋、同性恋、双性恋等，其中异性恋是社会的主体，是绝大多数人的选择。同时也存在着少数同性恋和双性恋者。据有关科研机构的调查，同性恋人群约占人口总数的 1%～5%，美国有超过 1000 万的男同性恋者和 1300 万的女同性恋者。中国的同性恋人数为 3000 万以上，其中男同性恋者的人数在 2000 万以上，女同性恋者的人数在 1000 万左右。同性恋分布在社会各个阶层，职业多集中在企业高管、公务员、时尚艺术、IT 等行业。近年来，由于同性恋者感染艾滋病病毒的比例在不断攀升，尤其是青年学生同性恋者，引起了社会、政府和公众的广泛关注。

案例分析 9-1

乖男孩发现“同志圈”真相

18 岁的年纪，正是荷尔蒙作祟的时候，难免会浏览一些刺激感官的网络内容，少天内心深处渐渐萌生了好奇和欲望，于是加入了各种“同志”论坛、QQ 群，并通过这些交友平台认识了一些圈子里的朋友。

在大二的那个秋夜，他认识了一个网名叫“鹩哥”的陌生人，通过聊天得知他就在邻校计算机系，一来二去两人就聊熟了。

某天，“鹈哥”给他发了个视频链接，打开的那一瞬间少天蒙了，视频中两个男人居然在发生性关系！他既兴奋又好奇。没过几天，少天所在的班级正好跟邻校计算机系搞联谊活动，他俩都报名参加了位于市郊的北山秋游。

秋游那天，少天当时有点内急，刚好旁边有个公厕，就叫了“鹈哥”一起去小解。“你那些视频哪里搞来的？”少天忍不住问他。“想不想试试？”“鹈哥”一脸邪笑。

少天猛地心跳加快，惊慌失措地傻站着。这时“鹈哥”抬起头，慢慢靠近，少天脑子一片空白，竟然任由他摆布着……自此以后，少天和“鹈哥”再也没联系过，但这件事让少天开始认真地思考起自己的性取向。

从小到大，他一直都是父母眼中的乖孩子、老师心目中的好学生。现在他觉得应该正视自己，直面自己对这种情感的渴望。

就在这时，他遇到了“初恋”，也是通过 QQ 认识的一位网友，已婚，在政府机关上班，比少天大 15 岁。少天在撒娇的时候会亲昵地称呼他“大叔”，在一次无意中，少天在“大叔”的手机里发现了他与其他人暧昧的聊天记录，少天要求“大叔”停止与他人暧昧，在闹过几次之后，“大叔”销声匿迹了。

在经历了“初恋”的伤痛之后，少天渐渐明白，大多数同性交友都缺乏约束，真正谈感情的占少数，更多的只是为了寻求肉体上的欢愉与刺激，彼此都在频繁地更换性伙伴，很少有长久稳定的关系。于是，他也开始沉溺、堕落，疯狂地一夜情。

起初，他还会使用安全套，但后来在“不戴套会更爽”的言语刺激下，他慢慢放松了警惕。在几次无保护的性行为后，身体并没有给他异样的危险信号，于是他认为不用安全套应该没事的。

当疾控中心的工作人员将检测报告放在他面前时，悔恨和懊恼一下子占据了他整个心头。

第一节 同性恋定义

一、同性恋

同性恋(homosexuality)也称同性爱，是人类性取向的一种，是指在正常生活条件下对相同性别的人表现为持续的情感依恋和性爱倾向，包括思想、情感和性行为，而对异性却无相同的反应，甚至厌恶、逃避。

判断是否同性恋者应具备以下两个条件：

(1)必须是性成熟以后的成年人(我国为18周岁以上)。

(2)性幻想的对象只限于同性,对同性有想要发生亲密行为的冲动,包括亲吻、爱抚、性交等,对异性则没兴趣,甚至厌恶。

简言之,以同性为性幻想对象的成年人便可称为同性恋者。

同性恋现象,古已有之,是人类历史上、各种文化中普遍存在的一种基本行为模式。但"同性恋"一词的出现却只有一百多年的历史。1868年,匈牙利作家Karl Maria Kertbeny在一封私人信件中首次创造性地使用"homosexual"一词,并在1869年发表了反对德国政府颁布《反鸡奸法》的一篇文章中首次使用"homosexuality"来指"同性恋"。此后,"homosexual"一词被德国精神病学家和临床医生广泛应用在"医学诊断方法"中,成为一个代表"同性恋"的医学术语。根据希腊语前缀"homo-"(表示"相同的")、拉丁语后缀"sex"(表示"性"),我国将英语单词"homosexuality"翻译为"同性恋"。20世纪初,"gay"成为同性恋用语在美国开始流行,并受到同性恋者的喜欢,"gay"本意指"感觉快乐的""使人高兴的",以此区别于在医学领域广泛使用的同性恋单词"homosexual"。1989年,美国主流媒体*New York Times*开始用"gay"指同性恋。自此,"gay"逐渐被各种媒体使用并为公众所接受。

到了现代,同性恋的用语发生了变化,1989年香港首届同性恋电影节以"香港同志电影节"命名,"同志"一词渐渐演变成社会对同性恋的用语,在我国香港、澳门、广州,人们根据英文单词"gay"的发音而衍生的"基"来指代"同性恋"。中国台湾地区因为台语的"假"与"gay"谐音,又将男同性恋俗称为"假"或"甲",到了20世纪90年代,台湾导演李安的同性恋题材电影《断背山》夺得奥斯卡奖,"断背"一词亦成为同性恋之别称。而女同性恋者则根据英语单词"Lesbian"谐音翻译为"拉拉"或"蕾丝边"。

二、同性性行为

同性性行为是指同性之间发生口交、肛交等性行为,包括男男同性性行为和女女同性性行为。同性恋之间存在同性性行为比较常见,但异性恋者也会发生同性性行为,因此同性性行为不等同于同性恋,判断是否同性恋应从性取向、性愉悦和性行为三方面进行考量。

MSM(men who have sex with men的简称)是指男性与男性之间发生插入性口交或肛交等性行为者,即为男男同性性行为者。

MSM人群包括以下几类:

(1)男同性恋者(简称男同)。

(2)男双性恋者(简称男双)。

(3)特殊环境下的MSM(如监狱、海员、军队、学生等)。

(4)男性卖淫者又称 MB(money boy 的缩写)。

思考:同性恋和 MSM 有区别吗? 你对同性恋的定义有何看法? 如何理解“同性恋不等于同性性行为”这句话?

第二节 同性恋历史

20 世纪 60 年代初,美国“石墙运动”爆发,标志着同性恋争取权利运动的开始,美国纽约的“石墙酒吧”是同性恋者聚会的场所。为打击同性恋,纽约警方屡次到酒吧检查,引起同性恋者的愤怒,忍无可忍情况下发起了暴力对抗,在与警方持续对峙了三天三夜后,美国各地几十万名同性恋者涌上街头举行了大规模的示威游行,并高唱着“同性恋的力量”的歌曲,要求政府停止对同性恋的迫害,给予异性恋者同等权利,反对歧视。从此,同性恋争取权利的斗争从地下走向了公开,大批同性恋组织和同性恋刊物在美国应运而生。

随着同性恋运动的深入,社会对同性恋现象也进行了反思。直到 1973 年,美国精神医学学会针对同性恋是正常性取向还是精神疾病,召集了上万名精神病学家进行表决,结果以 58%的人赞成,37%的人反对获得通过,将同性恋剔除出疾病分类。随后,美国精神医学学会发表声明:人类的性取向不能由人的意志所改变、或有意识地进行选择,人类不能选择自己是同性恋还是异性恋。同性恋本身不会影响自身判断力、稳定性和可信赖性,也不会造成职业能力的损害,没有足够的科学研究证明改变性取向的治疗是安全和有效的,人们试图改变性取向有潜在的危害。所以,同性恋无法定义为心理疾病和精神疾病。事实上,有很多同性恋者生活得很成功、很幸福。临床经验表明,那些试图寻找转变疗法的人,通常是因为社会的偏见所引起的同性恋恐惧症,而接受自己性取向的同性恋者比不能接受自己性取向的人具有更好的自我适应能力。

1990 年 5 月 17 日,世界卫生组织修改了《国际疾病分类手册》,将同性恋从精神与行为障碍分类中的“成人人格与行为障碍”名单上删除,还特别注释道:性取向本身不能认定为障碍。

2012 年 5 月 17 日,世界卫生组织就性取向治疗和尝试改变性取向的方法,发表一份用词强烈的英文声明“*Cures*” *for an Illness That Does Not Exist*(即为一种不存在的疾病“治疗”),同性恋是人类性取向中的一种正常类别,而且对同性恋本人及其亲近的人都不会构成健康上的伤害,所以同性恋本身并不是一种疾病或不正常,并且无须接受治疗。

世界卫生组织在声明中再三指出，改变个人性取向的治疗方法，不但没有科学证据支持其效果，而且没有医学意义，会对身体及精神健康造成严重的威胁，是对个人尊严和基本人权的一种侵犯。性取向本身是个人整体特征的一部分，不能改变。

在 1996 年 9 月，我国中华精神科学会重新制定了中国精神疾病分类与诊断标准，并在 2001 年 4 月出版的《中国精神疾病分类与诊断标准》中取消了性变态条目，将同性恋归于新设立的性心理障碍条目中的"性指向障碍"的次条目下。中华精神科学会《中国精神疾病分类与诊断标准》制定专家陈彦芳教授作了说明：我们认为同性恋是正常的，但是考虑到一些个体在成长过程中出现的焦虑和苦恼，保留自我不和谐的同性恋，从而和世界卫生组织第十版国际疾病分类保持一致。

虽然同性恋已经去病化，政府也呼吁社会消除对同性恋的歧视，但还是有一部分人对同性恋有毫无原因的憎恨和恐惧，被称为"同性恋恐惧症"，简称"恐同症"。

1989 年 10 月 1 日，丹麦国会通过了同性恋婚姻法，允许同性伴侣登记结婚，成为第一个认可同性结婚的国家。随后，荷兰、挪威、瑞典、冰岛、德国、法国、瑞士、比利时、西班牙、加拿大、英国和美国等 20 多个国家相继通过了同性婚姻合法的法案。

思考：谈谈你对同性恋和同性婚姻的看法，你觉得"同性恋与恐同症"是正常行为吗？

第三节 同性恋的分类

一、分类

同性恋按照性别分为两类：男同性恋和女同性恋。

也可以根据同性恋的境遇不同分为以下几类：

(1)情境性的同性恋。长期处在某种特殊环境下而使得个人性取向受到扭曲，在该情境消失后，便会转变成原来的异性恋取向。

(2)偶发性的同性恋。在人的成长过程中，因某些因素的影响而使个人出现短暂的同性恋行为，但随着影响因素的消失，该同性恋行为便会随之结束，如青少年间的同伴作用。

(3)发展阶段的同性恋。这类同性恋者存在困扰，对同性有莫大的吸引力，性幻想都是同性，但尚无同性性行为，他们未完全认同同性恋者的身份，处于矛盾斗争的发展阶段，多见于初中生、高中生等同性恋者。

(4)双性型的同性恋。男女两性均喜欢，如已婚男子，常常瞒着妻子，到特殊的聚会场所如茶室、酒廊、酒吧等地方进行定期的聚会，寻求性伴。此种类型的同性恋在家扮演丈夫，到固定场合时可能又扮演另一种角色，有的有固定男朋友。未结婚男子，往往既有男朋友也有女朋友，甚至男女相互认识，在一起生活。

(5)自我认同的同性恋。有正规的职业，通常保持同一恋人甚至住在专属同性恋的社区(外国)，也有部分为寻求刺激经常一夜情，换性伴。他们大多已经认同自己的同性恋身份，甚至部分人以自己是同性恋者为傲，部分属于炫耀型同性恋。

二、社会对同性恋的认知状况

现在普遍认为，同性恋者是否正常，主要依当事人对自己性取向的感受而定。也就是说，如果同性恋对于同性恋的事实不会产生任何心理、生理或者性情上的困扰，并且能良好地适应社会生活的状态，那么就不应认为他是不正常的，他们只不过是性爱对象的选择不同而已。

如果“同性恋”对于当事人已造成生活、心理或精神上的困扰、冲突，并且极度渴望能改变这种情况时，应将其视为“病患”，要利用各种方式加以协助。

三、同性恋与其他性少数群体的区别

异装癖是一类喜欢打扮成异性，穿着异性服装就会引起性兴奋，并获得性快感的人。异装癖者和跨性别者是有区别的，跨性别者穿着异装时不会引起性兴奋，只是为了满足自己的心理需求才穿着异装。

医学界普遍认为异装癖是一种特殊的性癖，异装癖者绝大多数属于异性恋，少数是双性恋，当异装癖者身着异装时，就好像异性在自己身边或“拥抱”着自己，因此可引起性兴奋。而同性恋者对异性根本没有兴趣，甚至会有厌恶，自然也不会有这种特殊癖好。

双性恋是一种对男女两性皆可产生爱情和性欲的性取向，为独立性取向，而不是同性恋的一部分，同性恋爱上一个人的最基本条件就是对方必须是同性，然后才有可能产生爱情。双性恋者对异性是有感觉和兴趣的，同性恋者是一丁点都没有，无论异性长相多么好，性格多么优秀，同性恋者都无感觉，这就是双性恋者和同性恋者最基本的区别。还有在角色分工上，同性恋者并非如人想象般扮演“夫妻”“男女”角色，而是根据兴趣、能力来平等分担责任和义务，并且不喜欢角色扮演。而许多双性恋者，则多少会不自觉地把异性恋的那套代入同性关系中，所以即便双性恋者在和同性交往，可能也会看到“男女的影子”，可以此区分双性恋者和同性恋者。

思考：性少数群体有哪些？你认为双性恋是同性恋者吗？

第四节　男男同性性行为与艾滋病

截至 2019 年 10 月底，全国报告艾滋病存活感染者 95.8 万例，死亡 26.2 万例，新发艾滋病病毒感染者 13.1 万例左右，其中男男性行为者感染艾滋病病毒比例大约占 5%，这一数字比全国 0.057% 的艾滋病病毒感染率高出 88 倍。从中国的艾滋病流行情况看，静脉注射吸毒者、性工作者、男男同性恋者是最易感染和传播艾滋病的三大人群，而性传播是最主要的传播途径，占比超过 80%。近几年，男男性行为人群感染艾滋病病毒人数迅速增加，尤以青年学生感染者为甚。艾滋病病毒在男男性行为者中的感染率，在西南地区的一些城市达到了近 20%。因此，青少年是艾滋病感染的脆弱人群，处在艾滋病的高风险状态。同时，公众对艾滋病仍有认知盲区，艾滋病知晓率较低，能够自觉参与艾滋病免费检测服务的男男性行为者占比不到一半，因感染艾滋病病毒而需要治疗的男男性行为者中正在接受治疗的比例则低于 15%。

一、男男同性性行为容易导致艾滋病传播的原因

艾滋病的传播途径为性传播、血液传播和母婴传播，三大传播途径的共同点是艾滋病病毒通过体液交换进行传播。人体内的体液包括精液、血液、宫颈分泌液、组织液、乳汁等，而艾滋病病毒就存在于这些体液当中。男男同性性行为容易感染艾滋病的原因如下：

(1)男男同性恋性行为的开放性。同性恋没有被大众认可，不敢公开暴露自己的性取向，不能建立异性恋般的一夫一妻相对稳定的性关系，性行为的目的就是满足生理需求，寻求性快感，增加娱乐性等。因此，同性恋性活动频繁，拥有的性伴较多。同时，同性性行为没有怀孕的担忧和顾虑，安全套使用率低。

(2)同性性行为的方式多样化，包括抚摸、接吻、手淫、口交、肛交等，尤其是口交、肛交，存在体液交换的过程，容易传染艾滋病病毒。

(3)人体解剖、生理因素。直肠的黏膜是单层柱状上皮细胞，薄而脆弱，极易在性行为过程中破损，形成创面，导致精液中的 HIV 通过创面进入血液，使机体感染艾滋病病毒。

(4)同性恋之间的故意传播现象。

(5)MSM 中部分人伴有异性性行为,出于社会和家庭的压力,同性恋者以异性婚姻的形式存在并伴有同性性行为。

(6)双性恋的双性生活包括异性关系下的偶尔同性性行为等。

二、对 MSM 人群进行干预的途径

(1)摸清同性恋人群情况。

(2)招募志愿者,最好吸收一些 MSM 人员一起参加。

(3)对志愿者进行培训。

(4)开展各种形式的宣传教育活动。

三、针对男男同性性行为容易引起艾滋病应采取的措施

(1)建立相对固定的性伴关系,拒绝多性伴行为。

(2)与同性性伴发生肛交、口交时要严格使用安全套。

(3)发现感染性病或有生殖器感染时要及时到医院诊断和治疗。

(4)定期主动到当地艾滋病病毒检测机构检测艾滋病病毒。

(5)如发现感染艾滋病病毒要及时进行抗病毒治疗。

(6)同性恋者如果在没有使用安全套的情况下发生肛交、口交等行为,应做艾滋病病毒检测。

思考题:

1. 分析男男同性恋者患艾滋病比例较高的原因。

2. 同性恋者可以从哪些方面防止艾滋病、性病的传播?

第十章　预防性侵害

学习目的

通过本章的学习，了解性侵害的概念，熟悉性侵害的形式，掌握性侵害的法律责任，理解性侵害与性骚扰的区别，掌握如何防范性侵害。

留守儿童缺乏监管，女学生涉世不深，防范意识薄弱，造成儿童、女学生被性侵、猥亵的事件常有发生，职场和公共场所被性骚扰更为频繁。国家虽有刑法、治安管理处罚条例、民法等法律法规予以惩罚和震慑，但性侵害对被害人的身体和心理造成的创伤却难以弥合。如何防范性侵害，保护好自身安全应引起人们的重视。

第一节　性侵害概述

何为性侵害

案例分析 10-1

某大二女学生小王（化名）与女网友在酒吧玩时，意外遇到同校的三名男同学，进而一起喝酒聊天，期间小王因饮酒过量昏睡，就被同学带至宾馆开房，凌晨 3 点左右，三名男同学先后进入小王房间，与昏睡中无意识的小王发生了性关系，使小王的身心受到巨大伤害，三名男学生因强奸罪而获刑。

案例分析 10-2

某小区保安李某（化名）发现小区中部分幼童经常独自玩耍，或者虽然有家长看护，但家长经常在一旁聊天或者玩手机，于是假意与幼童玩闹，将他们带至隐蔽地方抚摸、抠摸阴部实施猥亵。幼童虽然告知家长，但未引起家长注意。李某在该小区中重复作案，被查证属实的就有 5 起。后经调查发现，李某曾因犯猥亵儿童罪被判处有期徒刑 9 个月，刑满释放后 2 个月即应聘为小区保安，再次实施犯罪。

性侵害(sexual a ssault)是指采取各种手段,包括暴力、威胁、引诱、胁迫等,针对他人(包括同性和异性)所发生的性行为,或在性相关方面对他人造成伤害的行为。性侵害包括强奸、猥亵等。

性侵害形式

一、强奸

强奸是性侵害中比较严重的一种形式,指违背妇女的意愿,以暴力、胁迫或者其他手段强行与妇女发生性关系的行为。在我国,强奸属于严重的违法犯罪行为,罪名是强奸妇女罪。同时,强奸也是世界绝大多数的国家重点打击的违法犯罪行为之一。

强奸具有以下特征:

(一)发生性行为违背了妇女的真实意愿

由于强奸往往发生在一对一关系之间,妇女是不是出于自愿有时较为模糊,尤其是熟悉的人,因此判断与妇女发生性关系是否违背妇女的意志,要根据性关系发生的时间、周围环境、妇女的性格、体质等各种因素进行综合分析,不能单纯将妇女是否反抗作为唯一要件来判断。被害妇女受到暴力、威胁等原因失去反抗能力或不敢反抗的,同无责任能力的妇女(如患有精神疾病的妇女)发生性关系的,无论是否“同意”,都属于强奸妇女行为。

(二)行为人使用了暴力、胁迫或者其他手段

(1)“暴力”是指对被害妇女施以殴打、捆绑、掐脖子等危害人身安全和人身自由的行为。

(2)“胁迫”是指对被害妇女采取威胁、恐吓等手段,进行精神上的强制,使妇女不敢抗拒。如以杀害被害人及其亲属相威胁的;以揭发被害人的隐私相威胁的;利用权力、从属关系、抚养关系及妇女孤立无援的环境相胁迫等。

(3)“其他手段”是指使用暴力、胁迫以外的使被害妇女不能抗拒、无法反抗的手段,如假冒为妇女治病、患病麻醉后、醉酒、熟睡、药物或宗教影响等与妇女发生性行为。

(三)侵害的主体一般指男子,被侵害的对象一般指妇女

在特殊情况下,教唆、帮助男子强奸妇女的女子,也可以成为强奸的共犯。

由于强奸是一种违背妇女意愿的暴力行为,不但给受害妇女造成严重的人身伤害,而且会造成心理上的创伤。强奸对被害人的伤害主要集中在身体和心理两方面。

(1)受害者挣扎反抗遭到殴打造成的身体伤害。

(2)强奸时性器官暴力插入对受害者的性器官造成的损害。阴道是一个潜在的空间,平时阴道壁是彼此紧贴的,同时阴道口较小并附有处女膜,在女性高度性兴奋的情况下阴道才会舒张并分泌体液,以利于性交。如果在没有性兴奋时阴茎强行插入,女性

会引起疼痛不适，严重时会造成处女膜撕裂，引起尿道和肛管的破裂，造成大出血、尿漏、粪漏等，甚至危及妇女的生命。如被强奸的妇女年龄较小、生殖器官发育不成熟，会造成会阴撕裂，性器官损伤，发生大出血的可能性更高。

(3)强奸对受害者造成心理上的创伤，留下难以磨灭的阴影，严重的会引起被害人精神失常。

因此，《中华人民共和国刑法》第二百三十六条规定：以暴力、胁迫或者其他手段强奸妇女的，处三年以上十年以下有期徒刑。奸淫不满十四周岁的幼女的，以强奸论，从重处罚。具有下列情形之一的，处十年以上有期徒刑、无期徒刑或者死刑：

①强奸妇女、奸淫幼女情节恶劣的。幼女，是指刑法规定的、未达到一定年龄的女性(未满 14 周岁)。幼女没有足够的能力对性交行为作出正确判断，因此凡与未满 14 周岁的女子发生性关系的，不论该女子是否自愿，都属于强奸罪。

②强奸妇女、奸淫幼女多人的。

③在公共场所当众强奸妇女的。

④两人以上轮奸的。轮奸是更恶劣、更严重的强奸行为。对于轮奸，刑法会在强奸罪的量刑基础上再加重量刑。

⑤致使被害人重伤、死亡或者造成其他严重后果的。

二、猥亵

以满足自身性欲为目的，对他人实施与性相关(除性交之外)的淫秽性的下流行为，包括对他人隐私部位的抠摸、搂抱、强吻、吸吮、舌舔、手淫等行为，是对他人人格和尊严的侵犯。

对妇女、儿童进行猥亵也是一种违法犯罪行为，根据《中华人民共和国刑法》第二百三十七条规定，以暴力、胁迫或者其他方法猥亵妇女或者侮辱妇女的，处五年以下有期徒刑或者拘役。聚众或者在公共场所当众犯前款罪的，处五年以上有期徒刑。猥亵儿童的，依照前两款的规定从重处罚。从我国的法律规定上看，构成猥亵妇女、儿童罪的条件为：

(1)猥亵妇女、儿童罪的犯罪主体为年满十六周岁以上的具有刑事责任能力的男女自然人。

(2)猥亵妇女、儿童罪的犯罪客体是妇女和未满十四周岁的儿童的身心健康权。

(3)猥亵妇女、儿童罪在客观方面表现为使用了暴力、威胁、引诱等手段以及各种寻求性刺激的方式对妇女、儿童进行猥亵。

(4)行为人在主观方面存在故意，即通过对妇女、儿童进行猥亵达到了性满足和性刺激目的。

三、其他情形

性侵害除了上面男性侵犯女性这些情形外，还有女性侵犯男性、男性侵犯男性、女性侵犯女性这三种。

社会各个时代都重视对“男性侵害女性”的惩罚，这是基于男性在身体上表现为强悍有力、生理上较为主动，而女性身体较为柔弱、生理上处在被动地位，在社会上男性的地位比女性高等原因。近年来，随着女性地位的提高，发生女性侵犯男性、女性侵犯女性、同性性侵犯等的案例在不断增加，应引起我们的重视。女性“强奸”男性同样具有严重的社会危害性，被“强奸”的男性的人格尊严所受到的侮辱也非常人所能想象。有律师认为，男性的性权利该如何保护，在我国法律上尚属空白。这也正是男性被“强奸”后默默忍受，不去报案的原因。

在国外，很多国家的刑法或司法实践早就不强调强奸中强奸者和受害人的性别了。譬如，德国 1998 年新版刑法典就将原“强迫妇女”改成“强迫他人”了，“他人”，意即包括男人和女人。值得注意的是，在现实生活中，妇女“强奸”男子的事件也并非没有。因此，将女性对男性实施性侵犯的行为规定为犯罪而给予打击，以法律手段保护男性的性权利，是十分必要的。我国 2015 年通过的刑法修正案(九)第十三条，将刑法第二百三十七条修改为:“以暴力、胁迫或者其他方法强制猥亵他人或者侮辱妇女的，处五年以下有期徒刑或者拘役。聚众或者在公共场所当众犯前款罪的，或者有其他恶劣情节的，处五年以上有期徒刑。猥亵儿童的，依照前两款的规定从重处罚。”这里的“他人”和“儿童”就包括了男性。

对于强奸这种严重的犯罪行为，法律赋予了暴力反抗和制止的权利，即正当防卫。被害人和目击者，在被害人被强奸过程中可以采取任何措施制止违法行为，造成犯罪分子伤亡的也不用负法律责任。《中华人民共和国刑法》第二十条第 3 款规定:对正在进行行凶、杀人、抢劫、强奸、绑架以及其他严重危及人身安全的暴力犯罪，采取防卫行为，造成不法侵害人伤亡的，不属于防卫过当，不负刑事责任。

案例分析 10-3

令人发指的男男性侵行为

小方在初中时就意识到自己的性取向和别人不一样，喜欢和帅气的男生在一起，但他一直压抑着自己的情感，一方面是因为不了解同性恋这个圈子，另一方面也不知道向谁倾诉。

2011 年，他考上了省外的一所大学。进入大学后认识了一个学长，后来就约出来见面了。小方说:“当时逛了一会儿,他说有点累,想开房休息,我就傻乎乎地跟他一块去了。”就这样,小方第一次和同性发生了性行为。“本以为可以和这个学长交往下去的,结果在一夜情之后他就断了联系。”在这之后,小方又陆陆续续通过同性交友软件交往了十几个同性朋友。三个多月前,他在交友软件上约了一个附近的网友去某知名“同志”酒吧看表演,正是这次的不谨慎,让他追悔莫及。

“以前我们不认识,就聊了几天,然后约好一起去酒吧看表演。到了晚上就喝醉了,我也不确定是不是被下了药,他背着我到了酒店,开完房间我就吐了,然后就睡着了。迷迷糊糊中感觉好像有人在我身上。第二天醒来,我发现自己一丝不挂地躺在酒店里,后面有点痛,而且湿湿的。那个网友不见了,我通过软件联系上了他,他说自己没病,然后就把我拉黑了,再也联系不上他。”

此时他才明白,自己是被性侵了。小方到浴室把自己彻彻底底地清洗了一遍。随后,他来到酒店前台询问,被告知酒店房间是用他的身份证开的,因此也无法找到那个网友的个人信息。他想过报警,可是没有证据警方是不会立案的,更何况还会暴露自己的性取向。

也许是侥幸心理吧,小方认为运气应该不会这么差。过了一个星期,他从网上买了试纸检测,结果是阴性,当时想着应该没事了。然而,由于艾滋病存在长达三个月的窗口期,一周时间内很可能不足以产生可以被试纸检测出的足量抗体。

“我一个月前就摸到自己脖子上的淋巴结有点肿,而且最近一直发烧,人也没什么力气。我在网上看过,这个应该就是急性感染期的症状。”

当小方看到自己的确诊报告单时,觉得命运跟他开了一个天大的玩笑,仅仅就这一次无保护性行为,让他感染上了艾滋病病毒,除此之外,他还感染了梅毒。

第二节　性侵害的类型和特点

一、性侵害类型

性侵害可分为五种类型。

(一)诱惑性侵害

诱惑性侵害是指利用受害人的弱点,如贪图财物、享乐、虚荣心强、好面子等心理,投其所好,诱惑受害人上当而遭受的性侵害。

(二)暴力型性侵害

暴力型性侵害是指使用暴力手段,如凶器威胁、言语恐吓或威胁等手段,对妇女实施强奸、轮奸或调戏、猥亵等行为。

暴力型性侵害的特点如下：

(1)手段残暴。当遇到被害者进行本能抵抗时，性侵者往往会使用暴力且手段野蛮和凶残，以迫使被害人放弃抵抗，达到性侵的犯罪目的。

(2)行为无耻。为达到侵害妇女的目的，犯罪者往往不择手段，疯狂摧残、凌辱受害者。

(3)群体性。犯罪分子常采用群体性纠缠方式对妇女进行性侵害。在人多势众情况下，妇女容易被制放弃反抗，这种形式危害极大。

(4)容易诱发其他犯罪。性犯罪的同时又常会诱发其他犯罪，如财色兼收、杀人灭口、争风吃醋、聚众斗殴等恶性事件。

(三)胁迫型性侵害

胁迫型性侵害是指利用自己的权势、地位、职务之便，对有求于自己的受害人加以利诱或威胁，从而强迫受害人与其发生非暴力型的性行为。其特点如下：

(1)利用职务之便或乘人之危而迫使受害人就范。

(2)设置圈套，引诱受害人上钩。

(3)利用过错或隐私要挟受害人。

(四)社交型性侵害

社交型性侵害是指在自己的生活圈子里发生的性侵害，与受害人约会的大多是熟人、同学、老乡，甚至是男朋友。社交型性侵害又被称为“熟人强奸”“社交性强奸”“沉默强奸”“酒后强奸”等。受害人身心受到伤害以后，往往出于各种考虑而不敢加以揭发。

(五)滋扰型侵害

滋扰型侵害的主要形式有：

(1)利用靠近女生的机会，有意识地接触女生的胸部，摸捏其躯体和大腿等处，在公共汽车、商店等公共场所有意识地挤碰女生的敏感部位等。

(2)暴露生殖器等变态式性滋扰。

(3)向女生寻衅滋事，无理纠缠，用污言秽语进行挑逗，或者做出下流举动对女生进行调戏、侮辱，甚至可能发展成为集体轮奸。

二、性侵害的特点

(一)容易发生性侵害的季节

夏天天气炎热，夜生活时间延长，同时，由于夏季气温比较高，人们穿衣较少，裸露部分较多，因而对他人的刺激增多。因此，夏季是大学生容易遭受性侵害的季节。夏季校园内绿树成荫，犯罪分子作案后容易藏身或逃脱。

（二）容易遭受性侵害的时间

夜晚光线暗，犯罪分子作案时不容易被人发现。所以，在夜间大学生应尽量减少外出。

（三）容易遭受性侵害的场所

公共场所和僻静处所，是女生容易遭受性侵害的地方。这是因为公共场所，如教堂、教室、礼堂、舞池、溜冰场、游泳地、车站、码头、影院等场所人多拥挤，不法分子常乘机袭击女生；僻静之处，如公园假山、树林深处、夹道小巷、楼顶晒台、没有路灯的街道楼边、尚未交付使用的新建筑物内、下班后的电梯内、无人居住的小屋、陋室、茅棚等，若女生单独逗留，很容易遭到流氓袭击。所以，女生最好不要单独行走或逗留在上述这些地方。

（四）容易发生性侵的家庭

容易发生性侵的家庭主要包括四类：再婚家庭、母亲缺位家庭、父亲服刑或父母有严重不良行为的家庭和收养家庭。

（五）容易遭受性侵的人群

（1）信仰宗教人员：受宗教的影响以及对施教人的信任而被性侵。

（2）在校女生：在校女生单纯，自我保护意识差，又处在青春期，对性懵懂，再加上学校人多而杂，管理松散，校园性侵事件时有发生。被害学生受到的伤害巨大，除了身体和精神的双重伤害外，还面临着辍学、转学、厌学等问题。

（3）外出务工的女孩：独自外出打工，谋求生计的女孩，社会地位相对弱势，缺乏社会经验，用人单位提供不安全的住宿环境等，容易导致女孩尤其是未成年人在打工地受到性侵害。

（4）留守儿童：父母外出工作，大部分留守儿童缺乏有效监护和全面保护，在受到侵害后又不能及时告诉亲人，因此成为一部分犯罪分子性侵害的"目标"。

思考：性侵害的类型有哪些，各有什么特点？

第三节　性侵害与性骚扰的辨别

性侵害与性骚扰的辨别

一、性骚扰

性骚扰(sexual haras sment)是在工作场所或公共场所,用与性有关的语言或形体等形式,对他人进行性暗示、性偏好请求或侵犯,给他人造成心理上的反感、压抑和恐慌。性骚扰是一种以侵犯他人人格尊严为特征的民事侵权行为,它以让人反感的与性有关的言语、行为、信息、环境等方式侵犯他人的人格权。广义的性骚扰并不限于异性间,对象亦不单指妇女,同性间亦可构成性骚扰。性骚扰概念最早由美国女法学家凯瑟琳·麦金农(Catharine MacKinnon)提出。

性骚扰表现形式一般为:

(1)身体接触:表现为对异性有不必要的身体接触和抚摸行为。

(2)非身体接触(言语、动作、声音):故意谈论性相关话题,如个人性隐私、性笑话、身体或手展示有性暗示的动作等。

(3)以性作为贿赂换取一部分利益。

二、性骚扰的类型

(1)补偿型性骚扰:长期性匮乏或性饥饿而引起。

(2)游戏型性骚扰:为了猎奇而发生。

(3)权利型性骚扰:双方具有明显的利益关系。

(4)攻击型性骚扰:蓄意伤害。

(5)病理型性骚扰:窥阴癖和露阴癖。

三、性骚扰的表现形式

性骚扰表现形式尚无统一界定,一般认为有口头、行动、人为设置环境三种。

(1)口头方式:如以下流语言挑逗异性,向其讲述个人的性经历、黄色笑话或色情文艺内容。

(2)行动方式:故意触摸、碰撞、亲吻异性脸部、乳房、腿部、臀部、阴部等性敏感部位。

(3)设置环境方式:即在工作场所或周围布置淫秽图片、广告等,使对方感到难堪。

是否构成性骚扰,进行认定相对困难,一般判断性骚扰的因素包括行为持续性、双方的关系、对方的动机、当时的情况、当时的感受。

我国针对性骚扰的法律法规有限，如2005年《中华人民共和国妇女权益保障法》第四十条规定，禁止对妇女实施性骚扰。受害妇女有权向单位和有关机关投诉。第四十二条规定，妇女的名誉权、荣誉权、隐私权、肖像权等人格权受法律保护。禁止用侮辱、诽谤等方式损害妇女的人格尊严。禁止通过大众传播媒介或者其他方式贬低损害妇女人格。未经本人同意，不得以营利为目的，通过广告、商标、展览橱窗、报纸、期刊、图书、音像制品、电子出版物、网络等形式使用妇女肖像。因此，性骚扰一般通过民事诉讼法进行解决。

四、性侵害和性骚扰的辨别

（一）相同点

两者都是对他人以性为目的进行的伤害或骚扰。

（二）不同点

（1）采取的手段不同：性侵害具有强迫性，常常使用暴力、威胁等手段，并且是身体上的伤害，而性骚扰主要是采用肢体和语言进行性暗示而使他人感到心理上的不适。

（2）犯罪性质不同：性侵害属于刑事犯罪，性骚扰属于民事诉讼。

思考：性侵害与性骚扰的区别与联系。

你是如何看待性骚扰现象的？

第四节　性侵害的防范

如何防范性侵害

性侵害发生的原因多种多样，但被侵害人造成的结果却是相同的，即引起身体的伤害和心灵的创伤，尤其是心理的阴影会伴随着被侵害人一生。因此如何做好防范，保护自身安全，掌握防范的技能和方法，对于避免性侵害非常重要。

一、大学女生防范性侵害要点

（1）要心存防范意识，对陌生人要有警觉性，不要轻信。女大学生对不熟悉的异性给予的馈赠和邀请应婉言拒绝。如发现异性对自己动手动脚或有越轨行为，一定要严厉拒绝、大胆反抗，并及时向学校老师和保卫部门报告，以便及时制止。

（2）行为举止要端庄大方，态度要明确、坚决，社交礼仪要得当。态度模棱两可，对方就会增加幻想、继续纠缠。在拒绝对方的要求时，态度要明确、坚决，切忌暧昧、模糊，不宜嘲笑挖苦。参加社交活动与男性单独交往时，要把握好自己，做到有节制，最好不喝酒或者不过量饮酒。

(3)学点防身术，提高自我防范能力。女性的体力一般弱于男性，防身时要把握时机，出奇制胜，狠、准、快地出击其要害部位，头的前部和后部可用来顶撞，拳头、手指可进行攻击，肘朝背部猛击是最强有力的反抗，用膝盖对脸和腹股沟猛击相当有效果，用脚前掌飞快踢对方胫骨、膝盖和阴部非常有效。要注意设法在案犯身上留下印记或痕迹，以备追查、辨认案犯时做证据。

(4)不要长时间与异性独处一室。女生去男性老师的办公室或寝室、男生的卧室，一般不宜超过 30 分钟。密闭的空间和熟悉的人，容易使女生放松警惕，遭受对方的性侵害。与陌生男人相识，不要轻率地跟随其回家或者去酒店，也不要喝对方提供的饮料，以防其在饮料里放催眠药，使自己丧失反抗能力。

(5)女生宿舍要做好防范。经常检查门窗是否完好，损坏要及时上报进行修理；就寝前，要关好门窗，防止犯罪分子趁自己熟睡时作案；夜间如有人敲门，要问清是谁，不要轻易开门；如发现有人想撬门砸窗闯进来，寝室的同学要一起呼救，并做好齐心协力反抗的准备；夜间去寝室外上厕所时，最好叫上一个同伴，并带上电筒，上厕所前先仔细查看一下。周末或节假日，最好不要独自一人住宿。

(6)学会用法律保护自己。对纠缠不清的无赖或违法犯罪分子，及时向学校领导和老师报告，或者向学校保卫处报案，千万不能“私了”，否则常会使犯罪分子得寸进尺，没完没了。

二、单独外出时的防范

(1)走路时要选择人多的大路，不走僻静的小路。在偏僻的小路、行人较少的公园里、网吧附近的阴暗处等地方，应提高警觉性，快速通过，以防遭受犯罪分子性侵害，甚至人身伤害。发现有人尾随，就尽快改变行走路线，想办法甩掉对方，如到附近派出所、治安亭、交通岗等，以此阻断对方的跟踪。

(2)夜间外出尽量结伴而行，如单独外出要格外小心，不要穿过分暴露的衣服，以免诱发性犯罪。晚上 6 点到凌晨 6 点是性犯罪高发时段，特别是夏天的夜晚。上街或外出携带的钱物要保管好，不要轻易外露。

(3)遇到熟人欲实施性侵害，应明确表示反对，态度要坚决。熟人，如同学、网络结交的朋友、周围邻居等实施性侵害的比例较高，遇到这类情形要果断拒绝，敢于说“不”，然后迅速离开现场。在与侵犯人周旋时，要有智有勇，寻找机会呼喊和采取各种手段挣脱。抓住对方弱点，瞅准时机全力拼搏，常常能够自救。要勇敢面对现实，及时报警，并保留、提交证据。

(4)遇到有人挡道拦截或纠缠时，要想办法尽快脱身，并大声呼救，吸引周围群众的注意，同时也能震慑作案分子。呼喊之后，瞅准时机迅速逃离险境。

三、未成年人的防范

未成年人智力发育不成熟，认知能力、辨别能力以及反抗能力都比较差，同时社会和家庭缺乏对未成年人不良行为的关注和矫正，有的甚至缺乏有效监护，因而容易受到伤害，已经成为一个严重的社会问题，应当受到全社会的关注。教给孩子以下“守则”，尽量防止受到伤害：

(1)凡背心裤衩覆盖的地方，不许别人碰。

(2)不接陌生人给的食品或饮料，更不能吃、喝。

(3)孩子外出，尽量在熟悉、安全地方行走，不要和陌生人搭腔，如有人盯梢或纠缠，尽快向人多处走，必要时呼叫。对年幼女孩外出，家长一定要接送。

(4)女孩外出，随时与家长联系，未经家长许可，不可在别人家夜宿。

(5)避免与男子在家里独处，尤其是到男子家中。

(6)独自在家要关好门，不要给陌生人开门。

思考题：

1. 如何防范性侵害？

2. 你认为男、女性别在防范性侵害方面各有哪些注意点？

参考文献

[1]陈昌霞.大学生情感规划与性健康教育[M].北京:清华大学出版社,2018.

[2]陈伟莉,郑艳冰.大学生性健康教育[M].南京:南京大学出版社,2016.

[3]陈孝平,汪建平,赵继宗.外科学[M].9版.北京:人民卫生出版社,2019.

[4]高文.国外青春期性教育对我国高校教育的启示[J].宁德师专学报(自然科学版),2004,16(1):17-19.

[5]侯蕾蕾,张东方,牛家峰,等.大学生艾滋病知识宣教方法的探究[J].中国社区医师,2016,32(32):175,177.

[6]胡珍,刘嘉.恋爱·婚姻·家庭:大学生性教育教材[M].2版.北京:科学出版社,2016.

[7]黄亚阳,马迎华,周佳,等.我国15省市大学生艾滋病综合防治知识知晓情况调查[J].保健医学研究与实践,2016,13(4):14-17.

[8]江剑平.大学生性健康教育[M].3版.北京:科学出版社,2018.

[9]蒋健敏,潘晓红.倾斜的世界:大学生艾滋病感染案例分析[M].杭州:浙江科学技术出版社,2017.

[10]李晋.大学生性健康教育[M].合肥:中国科学技术大学出版社,2015.

[11]梁燕芳.美国性教育的发展历史及启示[J].中国科技信息,2008(17):275,281.

[12]梁志静,金晓燕,马琪,等.高校新生艾滋病知信行现状及健康教育需求的调查分析[J].中国医学教育技术,2017,31(5):501-505.

[13]刘天军,黄少平,阚震,等.在校大学生男男性行为者艾滋病相关知识和行为调查[J].天津医药,2017,45(9):990-993.

[14]苏云鹏,申元英,何梅,等.大学生艾滋病健康教育研究进展[J].中国性科学,2014(12):87-89.

[15]王进鑫,程静.谈性说爱——大学生性健康教育[M].重庆:西南师范大学出版社,2014.

[16]熊翠欢,阳宜均.桂北某高校新生艾滋病健康教育干预前后比较分析[J].桂林师范高等专科学校学报,2017,31(4):134-137.

[17]张仁炳,缪锋,徐俊.大学生健康促进2030[M].杭州:浙江大学出版社,2018.

[18]张欣,娜荷芽,叶墨,等.北京大学生艾滋病相关知识、态度、行为的变化特点及影响因素[J].北京大学学报(医学版),2017,49(3):462-468.

[19]张颖,王婉婷.大学生性健康教育读本[M].北京:北京理工大学出版社,2014.

[20]章波娜,王红芳,孔丹华.大学生心理健康教育[M].南京:南京大学出版社,2019.

附录一

性病防治管理办法

（2013年1月1日起实施）

第一章　总　则

第一条　为预防、控制性病的传播流行，保护人体健康，根据《中华人民共和国传染病防治法》（以下简称《传染病防治法》）和《艾滋病防治条例》有关规定，制定本办法。

第二条　性病是以性接触为主要传播途径的疾病。本办法所称性病包括以下几类：

（一）《传染病防治法》规定的乙类传染病中的梅毒和淋病；

（二）生殖道沙眼衣原体感染、尖锐湿疣、生殖器疱疹；

（三）卫生部（编者注：现为国家卫生健康委员会）根据疾病危害程度、流行情况等因素，确定需要管理的其他性病。

艾滋病防治管理工作依照《艾滋病防治条例》的有关规定执行。

第三条　性病防治坚持预防为主、防治结合的方针，遵循依法防治、科学管理、分级负责、专业指导、部门合作、社会参与的原则。

第四条　性病防治工作与艾滋病防治工作相结合，将性病防治工作纳入各级艾滋病防治工作协调机制，整合防治资源，实行性病艾滋病综合防治。

第五条　卫生部负责全国性病防治工作。根据需要制定国家性病防治规划；确定需要管理的性病目录，决定并公布需要列入乙类、丙类传染病管理的性病病种。

县级以上地方卫生行政部门负责本行政区域内性病防治工作，依照本办法和国家性病防治规划，结合当地性病流行情况和防治需求，制定并组织实施本行政区域性病防治计划。

卫生行政部门应当在同级人民政府的领导下，建立和完善性病防治管理和服务体系，将性病防治工作逐步纳入基本公共卫生服务内容；加强性病防治队伍建设，负责安排性病防治所需经费，组织开展性病防治工作。

第六条　卫生行政部门应当鼓励和支持社会组织参与性病防治工作，开展宣传教育、行为干预、心理支持和社会关怀等活动。

鼓励和支持医疗卫生、科研等相关机构开展性病防治工作研究和学术交流，参加性病防治公益活动。

第七条　医学院校、医务人员培训机构和医学考试机构，应当将性病防治政策和知识等纳入医学院校教育、住院医师培训、继续教育等各类培训以及医学考试的内容。

第八条 任何单位和个人不得歧视性病患者及其家属。性病患者就医、入学、就业、婚育等合法权益受法律保护。

第二章 机构和人员

第九条 卫生行政部门应当根据当地性病防治工作需求，指定承担性病防治任务的疾病预防控制机构，合理规划开展性病诊疗业务的医疗机构。

第十条 中国疾病预防控制中心在性病防治中的职责是：

(一)协助卫生部制定全国性病防治规划；

(二)指导全国性病防治工作，开展性病监测、疫情分析及管理、培训督导、防治效果评估等工作；

(三)组织制定和完善性病实验室检测等技术规范，开展性病实验室质量管理，定期开展性病诊断试剂临床应用质量评价。

第十一条 省级、设区的市和县级疾病预防控制机构在性病防治中的职责是：

(一)组织有关机构和专家，协助同级卫生行政部门制定本行政区域性病防治计划，开展性病的监测、流行病学调查、疫情分析及管理、培训督导等工作；

(二)组织并指导下级疾病预防控制机构和社会组织开展性病防治宣传教育、有易感染性病危险行为的人群干预工作；

(三)组织开展本行政区域性病实验室质量管理。

第十二条 医疗机构应当积极提供性病诊疗服务，方便患者就医。

医疗机构开展性病诊疗业务应当取得与性传播疾病诊疗相关的诊疗科目，确定相应科室，并应当具备以下条件：

(一)具有相应的诊疗场所，包括诊室、治疗室和检验科等；

(二)具备性病诊断治疗、消毒灭菌所必需的设备、设施及药品等；

(三)具有依法取得执业资格，并经性病诊疗培训考核合格的人员。

第十三条 开展性病诊疗业务的医疗机构职责是：

(一)根据性病诊断标准和技术规范对性病患者或者疑似患者进行诊断治疗，并按照规定报告疫情；

(二)开展性病防治知识宣传、健康教育、咨询和必要的干预；

(三)协助卫生行政部门开展性病诊疗业务培训；

(四)开展实验室检测质量控制；

(五)协助疾病预防控制机构开展性病疫情漏报调查和流行病学调查等工作。

第十四条 省级卫生行政部门应当定期组织从事性病诊断治疗和预防控制工作的专业人员进行岗位培训，并进行考核。

卫生行政部门和行业学会开展对皮肤科、妇产科、泌尿外科等相关学科医师的培训，应当包括性病防治知识和专业技术培训内容。

第十五条　医疗机构人员开展性病诊疗业务，应当依法取得执业资格，并应当定期接受性病防治知识和专业技术岗位培训。

疾病预防控制机构的人员开展性病预防控制工作，应当定期接受性病防治知识和专业技术岗位培训。

第十六条　县级以上地方卫生行政部门应当及时公布取得与性传播疾病诊疗相关科目的医疗机构信息。

开展性病诊疗业务的医疗机构发布有关医疗广告应当依法进行。

第三章　预防和控制

第十七条　疾病预防控制机构和开展性病诊疗业务的医疗机构应当根据当地性病流行特点，确定性病宣传和健康教育内容，对大众开展性病防治知识的宣传。

第十八条　各级疾病预防控制机构应当通过多种形式在有易感染性病危险行为的人群集中的场所宣传性病防治知识，倡导安全性行为，鼓励有易感染性病危险行为的人群定期到具备性病诊疗资质的医疗机构进行性病检查。

第十九条　开展性病诊疗业务的医疗机构应当为性病就诊者提供性病和生殖健康教育、咨询检测以及其他疾病的转诊服务。

第二十条　基层医疗卫生机构和开展性病防治工作的社会组织，应当在当地卫生行政部门的统一规划和疾病预防控制机构的指导下，对有易感染性病危险行为的人群开展性病、生殖健康知识宣传和行为干预，提供咨询等服务。

第二十一条　艾滋病自愿咨询检测机构和社区药物维持治疗门诊应当将梅毒免费咨询检测纳入日常服务内容；对咨询检测中发现的梅毒阳性患者，应当告知其到开展性病诊疗业务的医疗机构就诊。

第二十二条　开展妇幼保健和助产服务的医疗机构应当对孕产妇进行梅毒筛查检测、咨询、必要的诊疗或者转诊服务，预防先天梅毒的发生。

第二十三条　性病患者应当采取必要的防护措施，防止感染他人，不得以任何方式故意传播性病。

第二十四条　性病流行严重的地区，卫生行政部门可以根据当地情况，对特定人群采取普查普治的防治措施。

第四章　诊断和治疗

第二十五条　开展性病诊疗业务的医疗机构，应当实行首诊医师负责制，建立门诊日志，对就诊者逐例登记，对有可能感染性病或者具有性病可疑症状、体征的就诊者应当及时进行相关性病检查，不得以任何理由推诿。当性病患者存在严重危及健康和生命的伴随疾病，可以转诊至伴随疾病的专科诊治，并给予性病诊治支持。

不具备开展性病诊疗条件的医疗机构或者科室，在诊治、体检、筛查活动中发现疑似或者确诊的性病患者时，应当及时转诊至具备性病诊疗条件的医疗机构或者科室处置。当患者存在严重危及健康和生命的伴随疾病，可以安排在伴随疾病的专科继续诊治，开展性病诊疗业务的医疗机构或者科室应当给予性病诊治支持。

第二十六条 医疗机构及其医务人员对就诊者进行性病相关检查时，应当遵循知情同意的原则。

第二十七条 开展性病诊疗业务的医疗机构，应当按照安全、有效、经济、方便的原则提供性病治疗服务，优先使用基本药物。

开展性病诊疗业务的医疗机构，应当公示诊疗、检验及药品、医疗器械等服务价格，按照有关规定收费。

性病治疗基本用药纳入基本药物目录并逐步提高报销比例，性病基本诊疗服务费用纳入报销范围。

第二十八条 开展性病诊疗业务的医务人员，应当严格按照卫生部发布的性病诊断标准及相关规范的要求，采集完整病史，进行体格检查、临床检验和诊断治疗。

第二十九条 开展性病诊疗业务的医务人员，应当规范书写病历，准确填报传染病报告卡报告疫情，对性病患者进行复查，提供健康教育与咨询等预防服务，并予以记录。

第三十条 开展性病诊疗业务的医务人员，应当告知性病患者及早通知与其有性关系者及时就医。

第三十一条 开展性病诊疗业务并提供孕产期保健和助产服务的医疗机构，应当按照国家推荐方案及时为感染梅毒的孕产妇提供治疗，并为其婴幼儿提供必要的预防性治疗、随访、梅毒相关检测服务等。对确诊的先天梅毒的患儿根据国家推荐治疗方案给予治疗或者转诊。

第三十二条 开展性病诊疗业务的医疗机构进行性病临床检验，应当制定检验标准操作和质量控制程序，按照技术规范进行检验和结果报告，参加性病实验室间质量评价，加强实验室生物安全管理。

第三十三条 医疗机构应当采取措施预防性病的医源性感染，加强医务人员的职业安全防护。

第五章　监测和报告

第三十四条 中国疾病预防控制中心制定全国性病监测方案。省级疾病预防控制机构根据全国性病监测方案和本地性病疫情，制定本行政区域的性病监测实施方案；组织开展性病监测和专题调查，了解不同人群性病发病特点和流行趋势。

第三十五条 开展性病诊疗业务的医疗机构是性病疫情责任报告单位，开展性病诊疗的医务人员是性病疫情责任报告人。

性病疫情责任报告单位应当建立健全性病疫情登记和报告制度；性病疫情责任报告人发现应当报告的性病病例时，应当按照要求及时报告疫情。

第三十六条 开展性病诊疗业务的医疗机构应当结合流行病学史、临床表现和实验室检验结果等做出诊断，按照规定进行疫情报告，不得隐瞒、谎报、缓报疫情。

艾滋病自愿咨询检测机构和社区药物维持治疗门诊应当按照要求收集和上报相关信息。

医疗卫生机构不得泄露性病患者涉及个人隐私的有关信息、资料。

第三十七条 各级卫生行政部门负责本行政区域内性病疫情报告网络建设，为网络的正常运行提供必要的保障条件。

第三十八条 疾病预防控制机构负责本行政区域内性病疫情信息报告的业务管理和技术指导工作，对性病疫情信息进行收集、核实、分析、报告和反馈，预测疫情趋势，对疫情信息报告质量进行检查。

第六章 监督管理

第三十九条 卫生部负责对全国性病防治工作进行监督管理，组织开展性病防治工作绩效考核和效果评估。

第四十条 县级以上地方卫生行政部门负责对本行政区域内性病防治工作进行监督管理，定期开展性病防治工作绩效考核与督导检查。督导检查内容包括：

(一)疾病预防控制机构性病防治工作职责落实情况；

(二)开展性病诊疗业务的医疗机构工作职责落实情况；

(三)不具备开展性病诊疗资质的医疗机构发现疑似性病患者的转诊情况；

(四)疾病预防控制机构与开展性病诊疗业务的医疗机构性病防治培训情况。

第四十一条 卫生行政部门对开展性病诊疗服务的医疗机构进行校验和评审时，应当将性病诊治情况列入校验和评审内容。

第四十二条 卫生行政部门应当受理个人或者组织对违反本办法行为的举报，并依法进行处理。

第四十三条 卫生行政部门工作人员依法进行监督检查时，应当出示证件；被检查单位应当予以配合，如实反映情况，提供必要的资料，不得拒绝、阻碍或者隐瞒。

第四十四条 疾病预防控制机构和开展性病诊疗业务的医疗机构应当加强本机构性病防治工作管理，对违反本办法规定的本机构工作人员，应当根据情节轻重，给予批评教育或者相应的纪律处分。

第七章 法律责任

第四十五条 县级以上卫生行政部门对督导检查中发现的或者接到举报查实的违反本

办法的行为，应当依法及时予以纠正和处理；对工作不力、管理不规范的医疗卫生机构及其工作人员，应当予以通报批评；对负有责任的主管人员和其他直接责任人员，可以根据情节依法给予处分。

第四十六条 县级以上卫生行政部门违反本办法规定，造成性病疫情传播扩散的，按照《传染病防治法》的有关规定进行处理；构成犯罪的，依法追究刑事责任。

第四十七条 未取得《医疗机构执业许可证》擅自开展性病诊疗活动的，按照《医疗机构管理条例》的有关规定进行处理。

第四十八条 医疗机构违反本办法规定，超出诊疗科目登记范围开展性病诊疗活动的，按照《医疗机构管理条例》及其实施细则的有关规定进行处理。

医疗机构违反本办法规定，未按照有关规定报告疫情或者隐瞒、谎报、缓报传染病疫情或者泄露性病患者涉及个人隐私的有关信息、资料，按照《传染病防治法》有关规定进行处理。

第四十九条 医疗机构提供性病诊疗服务时违反诊疗规范的，由县级以上卫生行政部门责令限期改正，给予警告；逾期不改的，可以根据情节轻重处以三万元以下罚款。

第五十条 医师在性病诊疗活动中违反本办法规定，有下列情形之一的，由县级以上卫生行政部门按照《执业医师法》第三十七条的有关规定进行处理：

（一）违反性病诊疗规范，造成严重后果的；

（二）泄露患者隐私，造成严重后果的；

（三）未按照规定报告性病疫情，造成严重后果的；

（四）违反本办法其他规定，造成严重后果的。

第五十一条 护士在性病诊疗活动中违反本办法规定泄露患者隐私或者发现医嘱违反法律、法规、规章、诊疗技术规范未按照规定提出或者报告的，按照《护士条例》第三十一条的有关规定进行处理。

第五十二条 医疗机构违反有关规定发布涉及性病诊断治疗内容的医疗广告，由县级以上卫生行政部门按照国家有关法律法规的规定进行处理。

第五十三条 性病患者违反规定，导致性病传播扩散，给他人人身、财产造成损害的，应当依法承担民事赔偿责任；构成犯罪的，依法追究刑事责任。

第八章 附 则

第五十四条 省、自治区、直辖市卫生行政部门可以结合本地实际情况，根据本办法的规定制定实施细则。

第五十五条 医疗机构实验室的性病检测质量控制工作按照医疗机构临床实验室有关规定进行统一管理和质控。

第五十六条 本办法下列用语的含义：

承担性病防治任务的疾病预防控制机构，指按照卫生行政部门要求，承担性病防治工作职责的各级疾病预防控制中心或者皮肤病性病防治院、所、站。

有易感染性病危险行为的人群，指有婚外性行为、多性伴、同性性行为等行为的人群。

第五十七条　本办法自 2013 年 1 月 1 日起施行。1991 年 8 月 12 日卫生部公布的《性病防治管理办法》同时废止。

附录二

艾滋病防治条例

（2019 年 3 月 2 日正式实施）

《艾滋病防治条例》是为预防、控制艾滋病的发生与流行，保障人体健康和公共卫生，根据传染病防治法制定的行政法规。

2006 年 1 月 18 日经国务院第 122 次常务会议通过。由国务院于 2006 年 1 月 29 日发布，自 2006 年 3 月 1 日起施行。2019 年 3 月 2 日，国务院颁布并实施第 709 号国务院令，修改《艾滋病防治条例》，增加脐带血等造血干细胞应用价值。

第一章　总则

第一条　为了预防、控制艾滋病的发生与流行，保障人体健康和公共卫生，根据传染病防治法，制定本条例。

第二条　艾滋病防治工作坚持预防为主、防治结合的方针，建立政府组织领导、部门各负其责、全社会共同参与的机制，加强宣传教育，采取行为干预和关怀救助等措施，实行综合防治。

第三条　任何单位和个人不得歧视艾滋病病毒感染者、艾滋病病人及其家属。艾滋病病毒感染者、艾滋病病人及其家属享有的婚姻、就业、就医、入学等合法权益受法律保护。

第四条　县级以上人民政府统一领导艾滋病防治工作，建立健全艾滋病防治工作协调机制和工作责任制，对有关部门承担的艾滋病防治工作进行考核、监督。

县级以上人民政府有关部门按照职责分工负责艾滋病防治及其监督管理工作。

第五条　国务院卫生主管部门会同国务院其他有关部门制定国家艾滋病防治规划；县级以上地方人民政府依照本条例规定和国家艾滋病防治规划，制定并组织实施本行政区域的艾滋病防治行动计划。

第六条　国家鼓励和支持工会、共产主义青年团、妇女联合会、红十字会等团体协助各级人民政府开展艾滋病防治工作。

居民委员会和村民委员会应当协助地方各级人民政府和政府有关部门开展有关艾滋病防治的法律、法规、政策和知识的宣传教育，发展有关艾滋病防治的公益事业，做好艾滋病防治工作。

第七条　各级人民政府和政府有关部门应当采取措施，鼓励和支持有关组织和个人依照本条例规定以及国家艾滋病防治规划和艾滋病防治行动计划的要求，参与艾滋病防治工作，对艾滋病防治工作提供捐赠，对有易感染艾滋病病毒危险行为的人群进行行为干预，对艾滋病病毒感染者、艾滋病病人及其家属提供关怀和救助。

第八条　国家鼓励和支持开展与艾滋病预防、诊断、治疗等有关的科学研究，提高艾滋病防治的科学技术水平；鼓励和支持开展传统医药以及传统医药与现代医药相结合防治艾滋病的临床治疗与研究。

国家鼓励和支持开展艾滋病防治工作的国际合作与交流。

第九条　县级以上人民政府和政府有关部门对在艾滋病防治工作中做出显著成绩和贡献的单位和个人，给予表彰和奖励。

对因参与艾滋病防治工作或者因执行公务感染艾滋病病毒，以及因此致病、丧失劳动能力或者死亡的人员，按照有关规定给予补助、抚恤。

第二章　宣传教育

第十条　地方各级人民政府和政府有关部门应当组织开展艾滋病防治以及关怀和不歧视艾滋病病毒感染者、艾滋病病人及其家属的宣传教育，提倡健康文明的生活方式，营造良好的艾滋病防治的社会环境。

第十一条　地方各级人民政府和政府有关部门应当在车站、码头、机场、公园等公共场所以及旅客列车和从事旅客运输的船舶等公共交通工具显著位置，设置固定的艾滋病防治广告牌或者张贴艾滋病防治公益广告，组织发放艾滋病防治宣传材料。

第十二条　县级以上人民政府卫生主管部门应当加强艾滋病防治的宣传教育工作，对有关部门、组织和个人开展艾滋病防治的宣传教育工作提供技术支持。

医疗卫生机构应当组织工作人员学习有关艾滋病防治的法律、法规、政策和知识；医务人员在开展艾滋病、性病等相关疾病咨询、诊断和治疗过程中，应当对就诊者进行艾滋病防治的宣传教育。

第十三条　县级以上人民政府教育主管部门应当指导、督促高等院校、中等职业学校和普通中学将艾滋病防治知识纳入有关课程，开展有关课外教育活动。

高等院校、中等职业学校和普通中学应当组织学生学习艾滋病防治知识。

第十四条　县级以上人民政府卫生主管部门应当利用计划生育宣传和技术服务网络，组织开展艾滋病防治的宣传教育。

计划生育技术服务机构向育龄人群提供计划生育技术服务和生殖健康服务时，应当开展艾滋病防治的宣传教育。

第十五条　县级以上人民政府有关部门和从事劳务中介服务的机构，应当对进城务工人员加强艾滋病防治的宣传教育。

第十六条　出入境检验检疫机构应当在出入境口岸加强艾滋病防治的宣传教育工作，对出入境人员有针对性地提供艾滋病防治咨询和指导。

第十七条 国家鼓励和支持妇女联合会、红十字会开展艾滋病防治的宣传教育，将艾滋病防治的宣传教育纳入妇女儿童工作内容，提高妇女预防艾滋病的意识和能力，组织红十字会会员和红十字会志愿者开展艾滋病防治的宣传教育。

第十八条 地方各级人民政府和政府有关部门应当采取措施，鼓励和支持有关组织和个人对有易感染艾滋病病毒危险行为的人群开展艾滋病防治的咨询、指导和宣传教育。

第十九条 广播、电视、报刊、互联网等新闻媒体应当开展艾滋病防治的公益宣传。

第二十条 机关、团体、企业事业单位、个体经济组织应当组织本单位从业人员学习有关艾滋病防治的法律、法规、政策和知识，支持本单位从业人员参与艾滋病防治的宣传教育活动。

第二十一条 县级以上地方人民政府应当在医疗卫生机构开通艾滋病防治咨询服务电话，向公众提供艾滋病防治咨询服务和指导。

第三章 预防与控制

第二十二条 国家建立健全艾滋病监测网络。

国务院卫生主管部门制定国家艾滋病监测规划和方案。省、自治区、直辖市人民政府卫生主管部门根据国家艾滋病监测规划和方案，制定本行政区域的艾滋病监测计划和工作方案，组织开展艾滋病监测和专题调查，掌握艾滋病疫情变化情况和流行趋势。

疾病预防控制机构负责对艾滋病发生、流行以及影响其发生、流行的因素开展监测活动。

出入境检验检疫机构负责对出入境人员进行艾滋病监测，并将监测结果及时向卫生主管部门报告。

第二十三条 国家实行艾滋病自愿咨询和自愿检测制度。

县级以上地方人民政府卫生主管部门指定的医疗卫生机构，应当按照国务院卫生主管部门会同国务院其他有关部门制定的艾滋病自愿咨询和检测办法，为自愿接受艾滋病咨询、检测的人员免费提供咨询和初筛检测。

第二十四条 国务院卫生主管部门会同国务院其他有关部门根据预防、控制艾滋病的需要，可以规定应当进行艾滋病检测的情形。

第二十五条 省级以上人民政府卫生主管部门根据医疗卫生机构布局和艾滋病流行情况，按照国家有关规定确定承担艾滋病检测工作的实验室。

国家出入境检验检疫机构按照国务院卫生主管部门规定的标准和规范，确定承担出入境人员艾滋病检测工作的实验室。

第二十六条 县级以上地方人民政府和政府有关部门应当依照本条例规定，根据本行政区域艾滋病的流行情况，制定措施，鼓励和支持居民委员会、村民委员会以及其他有关组织和个人推广预防艾滋病的行为干预措施，帮助有易感染艾滋病病毒危险行为的人群改变行为。

有关组织和个人对有易感染艾滋病病毒危险行为的人群实施行为干预措施，应当符合本条例的规定以及国家艾滋病防治规划和艾滋病防治行动计划的要求。

第二十七条　县级以上人民政府应当建立艾滋病防治工作与禁毒工作的协调机制，组织有关部门落实针对吸毒人群的艾滋病防治措施。

省、自治区、直辖市人民政府卫生、公安和药品监督管理部门应当互相配合，根据本行政区域艾滋病流行和吸毒者的情况，积极稳妥地开展对吸毒成瘾者的药物维持治疗工作，并有计划地实施其他干预措施。

第二十八条　县级以上人民政府卫生、市场监督管理、药品监督管理、广播电视等部门应当组织推广使用安全套，建立和完善安全套供应网络。

第二十九条　省、自治区、直辖市人民政府确定的公共场所的经营者应当在公共场所内放置安全套或者设置安全套发售设施。

第三十条　公共场所的服务人员应当依照《公共场所卫生管理条例》的规定，定期进行相关健康检查，取得健康合格证明；经营者应当查验其健康合格证明，不得允许未取得健康合格证明的人员从事服务工作。

第三十一条　公安、司法行政机关对被依法逮捕、拘留和在监狱中执行刑罚以及被依法收容教育、强制戒毒和劳动教养的艾滋病病毒感染者和艾滋病病人，应当采取相应的防治措施，防止艾滋病传播。

对公安、司法行政机关依照前款规定采取的防治措施，县级以上地方人民政府应当给予经费保障，疾病预防控制机构应当予以技术指导和配合。

第三十二条　对卫生技术人员和在执行公务中可能感染艾滋病病毒的人员，县级以上人民政府卫生主管部门和其他有关部门应当组织开展艾滋病防治知识和专业技能的培训，有关单位应当采取有效的卫生防护措施和医疗保健措施。

第三十三条　医疗卫生机构和出入境检验检疫机构应当按照国务院卫生主管部门的规定，遵守标准防护原则，严格执行操作规程和消毒管理制度，防止发生艾滋病医院感染和医源性感染。

第三十四条　疾病预防控制机构应当按照属地管理的原则，对艾滋病病毒感染者和艾滋病病人进行医学随访。

第三十五条　血站、单采血浆站应当对采集的人体血液、血浆进行艾滋病检测；不得向医疗机构和血液制品生产单位供应未经艾滋病检测或者艾滋病检测阳性的人体血液、血浆。

血液制品生产单位应当在原料血浆投料生产前对每一份血浆进行艾滋病检测；未经艾滋病检测或者艾滋病检测阳性的血浆，不得作为原料血浆投料生产。

医疗机构应当对因应急用血而临时采集的血液进行艾滋病检测，对临床用血艾滋病检测结果进行核查；对未经艾滋病检测、核查或者艾滋病检测阳性的血液，不得采集或者使用。

第三十六条 采集或者使用人体组织、器官、细胞、骨髓等的，应当进行艾滋病检测；未经艾滋病检测或者艾滋病检测阳性的，不得采集或者使用。但是，用于艾滋病防治科研、教学的除外。

第三十七条 进口人体血液制品，应当依照药品管理法的规定，经国务院药品监督管理部门批准，取得进口药品注册证书。

禁止进出口用于临床医疗的人体血液、血浆、组织、器官、细胞、骨髓等。但是，出于人道主义、救死扶伤目的，可以进出口临床急需、捐献配型的特殊血型血液、骨髓造血干细胞、外周血造血干细胞、脐带血造血干细胞，由中国红十字会总会办理出入境手续；具体办法由国务院卫生主管部门会同国家出入境检验检疫机构制定。

依照前款规定进出口的特殊血型血液、骨髓造血干细胞、外周血造血干细胞、脐带血造血干细胞，应当依照国境卫生检疫法律、行政法规的有关规定，接受出入境检验检疫机构的检疫。未经检疫或者检疫不合格的，不得进出口。

第三十八条 艾滋病病毒感染者和艾滋病病人应当履行下列义务：

（一）接受疾病预防控制机构或者出入境检验检疫机构的流行病学调查和指导；

（二）将感染或者发病的事实及时告知与其有性关系者；

（三）就医时，将感染或者发病的事实如实告知接诊医生；

（四）采取必要的防护措施，防止感染他人。

艾滋病病毒感染者和艾滋病病人不得以任何方式故意传播艾滋病。

第三十九条 疾病预防控制机构和出入境检验检疫机构进行艾滋病流行病学调查时，被调查单位和个人应当如实提供有关情况。

未经本人或者其监护人同意，任何单位或者个人不得公开艾滋病病毒感染者、艾滋病病人及其家属的姓名、住址、工作单位、肖像、病史资料以及其他可能推断出其具体身份的信息。

第四十条 县级以上人民政府卫生主管部门和出入境检验检疫机构可以封存有证据证明可能被艾滋病病毒污染的物品，并予以检验或者进行消毒。经检验，属于被艾滋病病毒污染的物品，应当进行卫生处理或者予以销毁；对未被艾滋病病毒污染的物品或者经消毒后可以使用的物品，应当及时解除封存。

第四章　治疗与救助

第四十一条 医疗机构应当为艾滋病病毒感染者和艾滋病病人提供艾滋病防治咨询、诊断和治疗服务。

医疗机构不得因就诊的患者是艾滋病病毒感染者或者艾滋病病人，推诿或者拒绝对其其他疾病进行治疗。

第四十二条 对确诊的艾滋病病毒感染者和艾滋病病人，医疗卫生机构的工作人员应当将其感染或者发病的事实告知本人；本人为无行为能力人或者限制行为能力人的，应当告知其监护人。

第四十三条　医疗卫生机构应当按照国务院卫生主管部门制定的预防艾滋病母婴传播技术指导方案的规定，对孕产妇提供艾滋病防治咨询和检测，对感染艾滋病病毒的孕产妇及其婴儿，提供预防艾滋病母婴传播的咨询、产前指导、阻断、治疗、产后访视、婴儿随访和检测等服务。

第四十四条　县级以上人民政府应当采取下列艾滋病防治关怀、救助措施：

（一）向农村艾滋病病人和城镇经济困难的艾滋病病人免费提供抗艾滋病病毒治疗药品；

（二）对农村和城镇经济困难的艾滋病病毒感染者、艾滋病病人适当减免抗机会性感染治疗药品的费用；

（三）向接受艾滋病咨询、检测的人员免费提供咨询和初筛检测；

（四）向感染艾滋病病毒的孕产妇免费提供预防艾滋病母婴传播的治疗和咨询。

第四十五条　生活困难的艾滋病病人遗留的孤儿和感染艾滋病病毒的未成年人接受义务教育的，应当免收杂费、书本费；接受学前教育和高中阶段教育的，应当减免学费等相关费用。

第四十六条　县级以上地方人民政府应当对生活困难并符合社会救助条件的艾滋病病毒感染者、艾滋病病人及其家属给予生活救助。

第四十七条　县级以上地方人民政府有关部门应当创造条件，扶持有劳动能力的艾滋病病毒感染者和艾滋病病人，从事力所能及的生产和工作。

第五章　保障措施

第四十八条　县级以上人民政府应当将艾滋病防治工作纳入国民经济和社会发展规划，加强和完善艾滋病预防、检测、控制、治疗和救助服务网络的建设，建立健全艾滋病防治专业队伍。

各级人民政府应当根据艾滋病防治工作需要，将艾滋病防治经费列入本级财政预算。

第四十九条　县级以上地方人民政府按照本级政府的职责，负责艾滋病预防、控制、监督工作所需经费。

国务院卫生主管部门会同国务院其他有关部门，根据艾滋病流行趋势，确定全国与艾滋病防治相关的宣传、培训、监测、检测、流行病学调查、医疗救治、应急处置以及监督检查等项目。中央财政对在艾滋病流行严重地区和贫困地区实施的艾滋病防治重大项目给予补助。

省、自治区、直辖市人民政府根据本行政区域的艾滋病防治工作需要和艾滋病流行趋势，确定与艾滋病防治相关的项目，并保障项目的实施经费。

第五十条　县级以上人民政府应当根据艾滋病防治工作需要和艾滋病流行趋势，储备抗艾滋病病毒治疗药品、检测试剂和其他物资。

第五十一条 地方各级人民政府应当制定扶持措施，对有关组织和个人开展艾滋病防治活动提供必要的资金支持和便利条件。有关组织和个人参与艾滋病防治公益事业，依法享受税收优惠。

第六章 法律责任

第五十二条 地方各级人民政府未依照本条例规定履行组织、领导、保障艾滋病防治工作职责，或者未采取艾滋病防治和救助措施的，由上级人民政府责令改正，通报批评；造成艾滋病传播、流行或者其他严重后果的，对负有责任的主管人员依法给予行政处分；构成犯罪的，依法追究刑事责任。

第五十三条 县级以上人民政府卫生主管部门违反本条例规定，有下列情形之一的，由本级人民政府或者上级人民政府卫生主管部门责令改正，通报批评；造成艾滋病传播、流行或者其他严重后果的，对负有责任的主管人员和其他直接责任人员依法给予行政处分；构成犯罪的，依法追究刑事责任：

（一）未履行艾滋病防治宣传教育职责的；

（二）对有证据证明可能被艾滋病病毒污染的物品，未采取控制措施的；

（三）其他有关失职、渎职行为。

出入境检验检疫机构有前款规定情形的，由其上级主管部门依照本条规定予以处罚。

第五十四条 县级以上人民政府有关部门未依照本条例规定履行宣传教育、预防控制职责的，由本级人民政府或者上级人民政府有关部门责令改正，通报批评；造成艾滋病传播、流行或者其他严重后果的，对负有责任的主管人员和其他直接责任人员依法给予行政处分；构成犯罪的，依法追究刑事责任。

第五十五条 医疗卫生机构未依照本条例规定履行职责，有下列情形之一的，由县级以上人民政府卫生主管部门责令限期改正，通报批评，给予警告；造成艾滋病传播、流行或者其他严重后果的，对负有责任的主管人员和其他直接责任人员依法给予降级、撤职、开除的处分，并可以依法吊销有关机构或者责任人员的执业许可证件；构成犯罪的，依法追究刑事责任：

（一）未履行艾滋病监测职责的；

（二）未按照规定免费提供咨询和初筛检测的；

（三）对临时应急采集的血液未进行艾滋病检测，对临床用血艾滋病检测结果未进行核查，或者将艾滋病检测阳性的血液用于临床的；

（四）未遵守标准防护原则，或者未执行操作规程和消毒管理制度，发生艾滋病医院感染或者医源性感染的；

（五）未采取有效的卫生防护措施和医疗保健措施的；

（六）推诿、拒绝治疗艾滋病病毒感染者或者艾滋病病人的其他疾病，或者对艾滋病病毒感染者、艾滋病病人未提供咨询、诊断和治疗服务的；

（七）未对艾滋病病毒感染者或者艾滋病病人进行医学随访的；

（八）未按照规定对感染艾滋病病毒的孕产妇及其婴儿提供预防艾滋病母婴传播技术指导的。

出入境检验检疫机构有前款第（一）项、第（四）项、第（五）项规定情形的，由其上级主管部门依照前款规定予以处罚。

第五十六条 医疗卫生机构违反本条例第三十九条第二款规定，公开艾滋病病毒感染者、艾滋病病人或者其家属的信息的，依照传染病防治法的规定予以处罚。

出入境检验检疫机构、计划生育技术服务机构或者其他单位、个人违反本条例第三十九条第二款规定，公开艾滋病病毒感染者、艾滋病病人或者其家属的信息的，由其上级主管部门责令改正，通报批评，给予警告，对负有责任的主管人员和其他直接责任人员依法给予处分；情节严重的，由原发证部门吊销有关机构或者责任人员的执业许可证件。

第五十七条 血站、单采血浆站违反本条例规定，有下列情形之一，构成犯罪的，依法追究刑事责任；尚不构成犯罪的，由县级以上人民政府卫生主管部门依照献血法和《血液制品管理条例》的规定予以处罚；造成艾滋病传播、流行或者其他严重后果的，对负有责任的主管人员和其他直接责任人员依法给予降级、撤职、开除的处分，并可以依法吊销血站、单采血浆站的执业许可证：

（一）对采集的人体血液、血浆未进行艾滋病检测，或者发现艾滋病检测阳性的人体血液、血浆仍然采集的；

（二）将未经艾滋病检测的人体血液、血浆，或者艾滋病检测阳性的人体血液、血浆供应给医疗机构和血液制品生产单位的。

第五十八条 违反本条例第三十六条规定采集或者使用人体组织、器官、细胞、骨髓等的，由县级人民政府卫生主管部门责令改正，通报批评，给予警告；情节严重的，责令停业整顿，有执业许可证件的，由原发证部门暂扣或者吊销其执业许可证件。

第五十九条 对不符合本条例第三十七条第二款规定进出口的人体血液、血浆、组织、器官、细胞、骨髓等，进出口口岸出入境检验检疫机构应当禁止出入境或者监督销毁。提供、使用未经出入境检验检疫机构检疫的进口人体血液、血浆、组织、器官、细胞、骨髓等的，由县级以上人民政府卫生主管部门没收违法物品以及违法所得，并处违法物品货值金额 3 倍以上 5 倍以下的罚款；对负有责任的主管人员和其他直接责任人员由其所在单位或者上级主管部门依法给予处分。

未经国务院药品监督管理部门批准，进口血液制品的，依照药品管理法的规定予以处罚。

第六十条 血站、单采血浆站、医疗卫生机构和血液制品生产单位违反法律、行政法规的规定，造成他人感染艾滋病病毒的，应当依法承担民事赔偿责任。

第六十一条 公共场所的经营者未查验服务人员的健康合格证明或者允许未取得健康合格证明的人员从事服务工作，省、自治区、直辖市人民政府确定的公共场所的经营者未在公共场所内放置安全套或者设置安全套发售设施的，由县级以上人民政府卫生主管部门责令限期改正，给予警告，可以并处500元以上5000元以下的罚款；逾期不改正的，责令停业整顿；情节严重的，由原发证部门依法吊销其执业许可证件。

第六十二条 艾滋病病毒感染者或者艾滋病病人故意传播艾滋病的，依法承担民事赔偿责任；构成犯罪的，依法追究刑事责任。

第七章 附则

第六十三条 本条例下列用语的含义：

艾滋病，是指人类免疫缺陷病毒（艾滋病病毒）引起的获得性免疫缺陷综合征。

对吸毒成瘾者的药物维持治疗，是指在批准开办戒毒治疗业务的医疗卫生机构中，选用合适的药物，对吸毒成瘾者进行维持治疗，以减轻对毒品的依赖，减少注射吸毒引起艾滋病病毒的感染和扩散，减少毒品成瘾引起的疾病、死亡和引发的犯罪。

标准防护原则，是指医务人员将所有病人的血液、其他体液以及被血液、其他体液污染的物品均视为具有传染性的病原物质，医务人员在接触这些物质时，必须采取防护措施。

有易感染艾滋病病毒危险行为的人群，是指有卖淫、嫖娼、多性伴、男性同性性行为、注射吸毒等危险行为的人群。

艾滋病监测，是指连续、系统地收集各类人群中艾滋病（或者艾滋病病毒感染）及其相关因素的分布资料，对这些资料综合分析，为有关部门制定预防控制策略和措施提供及时可靠的信息和依据，并对预防控制措施进行效果评价。

艾滋病检测，是指采用实验室方法对人体血液、其他体液、组织器官、血液衍生物等进行艾滋病病毒、艾滋病病毒抗体及相关免疫指标检测，包括监测、检验检疫、自愿咨询检测、临床诊断、血液及血液制品筛查工作中的艾滋病检测。

行为干预措施，是指能够有效减少艾滋病传播的各种措施，包括：针对经注射吸毒传播艾滋病的美沙酮维持治疗等措施；针对经性传播艾滋病的安全套推广使用措施，以及规范、方便的性病诊疗措施；针对母婴传播艾滋病的抗病毒药物预防和人工代乳品喂养等措施；早期发现感染者和有助于危险行为改变的自愿咨询检测措施；健康教育措施；提高个人规范意识以及减少危险行为的针对性同伴教育措施。

第六十四条 本条例自2006年3月1日起施行。1987年12月26日经国务院批准，1988年1月14日由卫生部、外交部、公安部、原国家教育委员会、国家旅游局、原中国民用航空局、国家外国专家局发布的《艾滋病监测管理的若干规定》同时废止。